Karin Clemens

# Kartenlegen für Tiere

nach den Lenormand=Karten

Reichel Verlag

Reifenberg 85 -D 91365 Weilersbach
Tel: 09194-8900 - Fax: 09194-4262

www.reichel-verlag.de
info@reichel-verlag.de

Abbildungen aus den Lenormand Blaue Eule (ISBN 978-3-905017-03-8)
mit Erlaubnis der Firma AGM AGMüller Urania, Neuhausen/CH, © 1970 AGM

Layout und Umschlaggestaltung:
Corporate-Art, Jan René Oppenhäuser
www.corporate-art.de



ISBN 978-3-926388-88-9

# Inhaltsverzeichnis



## Die Wahrsagekarten

## Beispiele für die Kartenlegung



## Die Legesysteme:

# Vorwort

## Kartenlegen für Tiere mit den Kleinen Lenormand-Karten

Vor 14 Jahren suchte ich eine Kartenlegerin auf, die das Legen der Wahrsagekarten von ihrer Großmutter erlernt hatte. Ich musste damals eine wichtige Entscheidung treffen und war sofort sehr angetan und fasziniert von den Wahrsagekarten und den Hilfestellungen, die mir aufgezeigt wurden. Diese Kartenlegerin sprach mich dann kurze Zeit später auf meine Sensitivität an und gab ihr Wissen an mich weiter.

Jahrelang legte ich die Karten mit wachsender Begeisterung für mich und meinen Hund sowie für Freunde, Bekannte und deren Tiere, entwickelte weitere Legesysteme und arbeitete mich immer intensiver in diese Thematik ein. Ich bekam viele positive Rückmeldungen und Bestätigungen und freute mich immer sehr darüber, durch die Karten Hilfestellungen geben zu können und Möglichkeiten aufzuzeigen und zu Erkenntnissen beizutragen.

Dann bekam mein Hobby eine Eigendynamik. Ich wurde immer öfter als Kartenlegerin empfohlen, immer mehr Menschen baten mich um eine Beratung oder äußerten den Wunsch, das Kartenlegen von mir zu erlernen.

So kam es dazu, dass ich seit einigen Jahren mit Hilfe der „Kipper-Karten" und mit den „Kleinen Lenormand-Karten" erfolgreich persönliche und telefonische Beratungen und (nun auch) Kartenlegeseminare durchführe.

Mein Bestreben ist es, meine Kenntnisse in verständlicher Form weiterzugeben, so dass jeder Interessierte die Karten für seine Tiere befragen kann. Ich hoffe, dass es mir gelungen ist meinen Vorsatz auch umzusetzen und Sie diese Anleitung gerne zur Hand nehmen.

Dieses Buch setzt keine Kenntnisse voraus, aber es ist wirklich wichtig, ruhig und konzentriert zu arbeiten und Gutes bewirken zu wollen.

## Was bedeutet Kartenlegen?

Die Wahrsagekarten spiegeln unser Leben und das unserer Tiere. Sie zeigen die jetzige Lebenssituation, Gedanken, Hoffnungen, Bedürfnisse und Ängste auf, aber auch die Chancen und Möglichkeiten für eine Verbesserung der Situation. Wir erfahren, was jetzt und in Zukunft für uns und unsere Tiere wichtig ist oder sein wird und in welchen Bereichen ein Umdenken notwendig ist. Durch die Karten erhalten wir Hilfe in Form von Einsichten, Erkenntnissen und Klarheit und bekommen zudem Lösungsvorschläge angezeigt.

Ich werde oft gefragt, wie das Kartenlegen „funktioniert“, woher die Antworten kommen. Dazu kann ich nur folgendes sagen:

Das Kartenlegen ist für JEDEN erlernbar.

Die wichtigste Voraussetzung ist, dass wir Gutes bewirken wollen, seriös denken und handeln.

Das muss jeder in sich haben!

Eine weitere Voraussetzung ist, dass wir konzentriert arbeiten, die einzelnen Bedeutungen der Karten – der Frage entsprechend – herausarbeiten und die Ergebnisse einer Legung strukturiert verbinden.

Das kann jeder lernen.

Ich bin aber davon überzeugt, dass wir zudem auch beim Kartenlegen immer eine wunderbare geistige Unterstützung bekommen...

Das ist ein Geschenk und wir sollten DANKE sagen!

## Anmerkungen

Die nachfolgenden Anmerkungen sind vielleicht eine reine Ansichtssache, aber da ich es so gelernt habe und praktiziere, möchte ich Ihnen auch diese Dinge ans Herz legen.

Wahrsagekarten sollte man sich nicht selber kaufen, sondern von einem lieben Menschen schenken lassen.

Auch möchten die Karten wie ein guter Freund behandelt werden.

Gehen Sie liebevoll und umsichtig mit Ihnen um.

Nehmen Sie Ihre Karten so oft wie möglich in einer ruhigen, entspannten Stunde in die Hände. Schauen Sie sich die Bilder an und spüren Sie sich in ihre Energie hinein. Lassen Sie die Karten immer wieder durch Ihre Finger gleiten, bis Sie spüren und fühlen, dass es IHRE Karten sind.

Die Karten brauchen auch ihre „Ruhe" und einen behaglichen Platz. Einen Platz mit einer guten Energie.

Legen Sie Ihre Karten in einen schönen Stoffbeutel, eine liebevoll gestaltete Kartonage oder eine hochwertige Serviette und geben Sie ihnen dann einen „festen" Platz in Ihrer Lieblingskommode oder einer besonderen Porzellanschatulle.

Karten sollten nicht in einem offenen Regal liegen und wenn möglich auch nicht zu sehr in Bodennähe aufbewahrt werden. Bitte, „werfen" Sie Ihre Karten auch nicht einfach nur lieblos in eine Schublade. Legen Sie die Karten mit Ruhe und Respekt an ihren Platz.

Selbst die beste Freundin sollte Ihre Karten nicht zum eigenen Probieren oder Kartenlegen erhalten. Wenn Sie die Karten für die Tiere Ihrer Freunde oder Bekannten legen, dürfen diese die Karten dann natürlich mischen, aber auslegen müssen Sie die Wahrsagekarten. Es sind Ihre Karten, es ist Ihre Energie.

Auch das Kartenmischen sollte mit Respekt gehandhabt werden. Es sind keine Skatkarten, sondern Ihre Wahrsagekarten.

Wenn Sie Ihre Karten liebevoll und mit Respekt behandeln, kann die Arbeit mit ihnen immer ein schönes Erlebnis sein. Wie die Begegnung mit einem guten Freund.

Ich wünsche Ihnen von Herzen, dass Sie auch so viel Freude am Kartenlegen haben werden wie ich. Für mich ist es heute noch genauso faszinierend, spannend und aufregend wie am Anfang.

Dieses Gefühl wünsche ich mir für Sie.

## Kartenlegen ist eine Energiearbeit

Das Kartenlegen setzt eine gute Energie voraus.

Weder der Kartenleger noch der Ratsuchende dürfen unter dem Einfluss von Alkohol oder Medikamenten stehen. Zudem lege ich auch für eine schwangere Fragestellerin grundsätzlich keine Karten, da sie diese Energiearbeit eventuell anstrengen könnte.

Während der Kartenlegung sollten Sie sich innerlich in einem Zustand der Ruhe und Entspannung befinden.

Vielleicht machen Sie ja vorher einen kleinen Spaziergang, eine Meditation oder hören sich eine beruhigende Musik an.

Während der Legung sollten Sie alleine (oder mit dem Ratsuchenden) im Zimmer sein. Gerne dürfen Ihre Tiere dabei sein. In der Regel legen sich diese ruhig hin und unterstützen uns auf ihre Weise während des Kartenlegens. Sie spüren und wissen so viel! Es sollte eine ruhige, schöne Atmosphäre sein. Auch in Ihrer Kleidung sollten Sie sich wohl fühlen. Zünden Sie eine Kerze an und setzen Sie sich bequem hin. Stellen Sie Ihre Füße nebeneinander auf den Boden und nehmen Sie eine möglichst gerade, entspannte Körperhaltung ein, damit die Energie gut fließen kann.

Spüren Sie sich vor dem Mischen in die Energie Ihrer Karten ein und freuen

Sie sich auf die Legung. Haben Sie bitte keine Angst vor den Antworten, sondern freuen Sie sich auf die Hilfe, die Sie erhalten werden. Bis zum heutigen Tag haben die Karten bei meinen Legungen nicht nur Fakten benannt, sondern auch immer auf Möglichkeiten hingewiesen. Auf dieses Aufzeigen von Chancen und Hilfestellungen freue ich mich vor jeder Legung.

Ich wünsche Ihnen viel Freude und Erfolg!

## Das Mischen und Auslegen der Wahrsagekarten

Ich möchte Ihnen 2 Möglichkeiten für das „Mischen und Auslegen" der Karten vorstellen.

Zuerst einmal die Reihenfolge, in der Sie vorgehen sollten:

- Schreiben Sie bitte immer zuerst Ihre Frage deutlich lesbar auf ein Blatt Papier und legen Sie dieses gut sichtbar seitlich auf den Tisch.
- Wählen Sie dann das Legesystem aus, das Sie anwenden möchten.
- Legen Sie auch das ausgesuchte Legesystem gut sichtbar seitlich auf den Tisch, unterhalb des Papiers, auf dem Sie Ihre Frage notiert haben.
- Bevor Sie die Karten mischen, entscheiden Sie bitte, ob Sie die Karten – wie nachfolgend beschrieben – von dem Kartenstapel „abheben" werden oder „aus dem Fächer" heraus ziehen möchten.

Nun können Sie die Karten mischen. Denken Sie dabei an Ihre gestellte Frage und holen Sie sich die Situation um die es geht, vor Ihr geistiges Auge. (Wenn Sie die Karten von dem Kartenstapel „abheben" werden, lassen Sie Ihre Augen während des Mischens über die einzelnen Positionen/ Fragen des Legesystems gleiten und nehmen Sie auch diese Fragen in Ihre Gedanken auf).

Sie werden es körperlich spüren (vielleicht bekommen Sie eine „Gänsehaut“ oder es „kribbelt“ in Ihren Händen) oder Sie werden es innerlich fühlen, wenn die Zeit gekommen ist, mit dem Mischen der Karten aufzuhören. Ich mische manchmal keine 30 Sekunden und ein anderes Mal mehrere Minuten lang. Geben Sie sich die Zeit, die „es“ braucht.

Wenn der Mischvorgang beendet ist, legen Sie den Kartenstapel verdeckt, also mit der Rückseite nach oben, auf den Tisch.

Nun können Sie:

1. Die benötigten Karten nacheinander von dem Kartenstapel „abziehen“ und verdeckt auf die, dem Legesystem entsprechenden, Positionen legen. Dann können Sie mit der Kartendeutung beginnen.

   ODER:

2. Fächern Sie die Karten von links nach rechts, mit der Rückseite nach oben, auf dem Tisch wie nachfolgend beschrieben, aus.

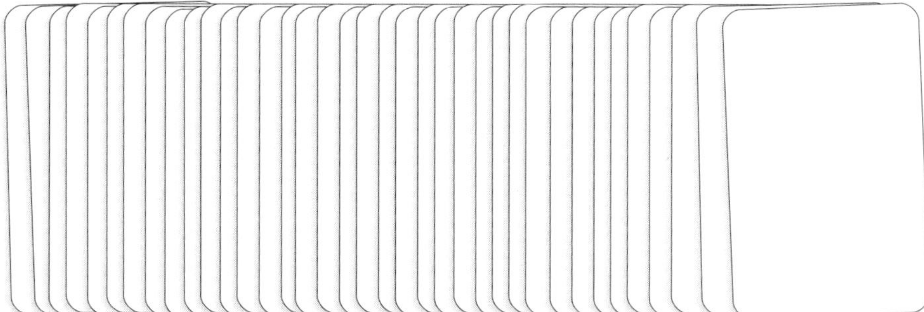

Nun schauen Sie auf Ihren Zettel. Lesen Sie Ihre gestellte Frage laut vor und konzentrieren Sie sich auf diese. Holen Sie sich die Thematik Ihrer Frage vor Ihr geistiges Auge. Dann wenden Sie Ihren Blick auf das Legesystem.

Jedes Legesystem hat verschiedene Positionen und jede einzelne hat eine andere Thematik, beinhaltet eine eigene Frage. Verinnerlichen Sie sich nun die Frage der 1. Kartenposition, fühlen Sie sich in diese Frage hinein.

Dann ziehen Sie mit der linken Hand eine Karte aus dem Fächer und legen diese verdeckt, mit der Rückseite nach oben, für die 1. Kartenposition auf den Tisch.

Lesen Sie nun wieder Ihre gestellte Frage, die Sie auf Ihrem Zettel notiert haben, laut vor und konzentrieren Sie sich auf die Thematik. Richten Sie dann Ihre Aufmerksamkeit erneut auf das Legesystem. Wenn Sie sich die Frage der 2. Kartenposition verinnerlicht haben, ziehen Sie wieder mit der linken Hand eine Karte aus dem Fächer. Legen Sie diese verdeckt für die 2. Kartenposition auf den Tisch.

Gehen Sie bei jeder weiteren Kartenposition so vor. Wenn Sie alle vorhandenen Kartenpositionen so bearbeitet haben, können Sie mit der Deutung beginnen.

Auch bei dem Mischen und Auslegen der Wahrsagekarten ist es wichtig, dass Sie sich immer gut auf die gestellten Fragen konzentrieren und ruhig und ohne Zeitdruck arbeiten.

Probieren Sie die beiden Möglichkeiten über das „Mischen und Auslegen“ der Wahrsagekarten einfach aus. Sie werden schnell Klarheit darüber gewinnen, welche Methode Ihnen eher zusagt oder welche Sie gerne anwenden möchten.

## Das Deuten der Wahrsagekarten

Jede Wahrsagekarte hat mehrere Bedeutungen. Wir erhalten Angaben über die Zeiten, weitere Personen und Tiere, Tendenzen, Möglichkeiten, eventuelle gesundheitliche Belange und natürlich auch über die wesentlichen Kartenbedeutungen. Somit können wir die Wahrsagekarten zu zahlreichen Themen befragen und ausführliche Antworten erhalten.

Zuerst einmal ist es wichtig, dass Sie das passende Legesystem auswählen. Jedes Legesystem ist anders aufgebaut und hat eine andere Intensität, eine andere Tiefe. Schauen Sie sich alle genau an und wählen Sie dann in Ruhe aus. Prüfen Sie, welches Legesystem für Ihre Frage geeignet ist, welchem Sie die gewünschten Antworten entnehmen können. Natürlich können Sie die Ergebnisse Ihrer Deutung auch noch mit einem weiteren Legesystem näher betrachten, überprüfen und ergänzen.

Wenn Sie die Karten für eine bestimmte Frage zu Hilfe genommen haben und die Legungen für diese Frage an einem Tag abgeschlossen wurden, lassen Sie die Karten zu diesem Thema 3 – 4 Wochen ruhen. Nehmen Sie für dieselbe Frage bitte nicht täglich oder wöchentlich die Karten zur Hand. Warten Sie den weiteren Werdegang eine Zeit lang ab, schauen Sie sich die Entwicklung der Angelegenheit erst einige Wochen an, bevor Sie die Wahrsagekarten hierzu wieder befragen. Lediglich die 2er Legung für die Tagestendenz ist für eine tägliche Legung vorgesehen.

Die 2er Legung für die Tagestendenz ist wunderbar geeignet, um jeden Tag auf die Stimmung des Tieres und unsere eigene Befindlichkeit vorbereitet zu sein. Wenn wir etwas wissen, können wir dem entgegenwirken oder uns leichter fühlen. Erscheint in meiner Tagestendenz zum Beispiel die Karte „Die Rute“, weiß ich, dass ich an diesem Tag leicht reizbar bin und mich besser innerlich abbremse. Ich reagiere dann entsprechend vorsichtig. Liegt in meiner Tagestendenz aber die Karte „Der Klee“, bin ich neugierig auf das kleine Glück, das an diesem Tag auf mich wartet. Genauso ist es bei der Legung der Tagestendenz für unsere Tiere. Wenn wir die Grundstimmung kennen, können wir noch besser auf unsere Tiere eingehen.

Beispiele einzelner Legungen aus meiner Tätigkeit können Sie in dem Kapitel „Beispiele für die Kartenlegung“ nachlesen.

Nehmen Sie sich zum Deuten der Wahrsagekarten die erforderliche Muße und seien Sie sich sicher: Je öfter Sie mit den Karten arbeiten, desto mehr Routine werden Sie erlangen.

## Die Vorgehensweise bei der Kartendeutung

Bei der Kartendeutung gehen Sie immer der Reihe nach vor. Beginnen Sie mit der Bearbeitung der Karte auf Position 1 des Legesystems. Wenn Sie diese Frage beantwortet haben, wenden Sie sich der Karte auf Position 2 zu. Dann wird die Karte der Position 3 bearbeitet, usw. Deuten Sie nacheinander jede einzelne Wahrsagekarte wie nachfolgend aufgeführt:

Drehen Sie die entsprechende Karte um und konzentrieren Sie sich auf die gestellte Frage. Wonach haben Sie konkret gefragt?

- Wenn Sie eine Zeitangabe erfahren möchten, sehen Sie bei den Kartenbedeutungen unter dem Punkt „Zeitkarte für“ oder „Karte für“ nach.

- Möchten Sie gesundheitliche Tendenzen erfragen, ist die Antwort unter dem Begriff „Gesundheit“ aufgeführt.

- Bezieht sich Ihre Frage auf eine bestimmte Thematik, einen Sachverhalt, finden Sie die Antwort bei dem „Thema der Karte“ und den „Bedeutungen“.

Wichtig ist, dass Sie gedanklich immer bei Ihrer Frage bleiben und sich davon nicht ablenken lassen.

Erfolgreiches Kartenlegen setzt voraus, dass Sie eine klare Frage stellen und sich bei der Deutung immer auf diese Frage beziehen.

Anfangs, wenn Ihnen die Karten noch nicht so vertraut sind, gehen Sie am Besten wie folgt vor:

- Lesen Sie die Frage einer Kartenposition laut und deutlich. Beantworten Sie diese Frage dann mit der ersten Vorgabe der aufgeführten Bedeutungen. Macht die Antwort Sinn?

- Danach wiederholen Sie dieselbe Frage derselben Kartenposition wieder laut und beantworten Sie dann mit der zweiten Möglichkeit der aufgeführten Bedeutungen. Können Sie diese Antwort in einen logischen Zusammenhang mit Ihrer Frage bringen?

- Nun stellen Sie sich diese Frage nochmals laut und prüfen, ob die nächste Vorgabe der Bedeutungen als Antwort in Frage kommt.

- Gehen Sie bei jeder einzelnen Kartenposition so vor. Stellen Sie Ihre Frage immer wieder und beantworten Sie diese mit jeder einzelnen vorgegebenen Möglichkeit.

Sie werden feststellen, dass Sie immer nur eine oder zwei Antworten in einen logischen Zusammenhang mit Ihrer Frage bringen können. Alle anderen Möglichkeiten/ Vorgaben ergeben keinen Sinn, kommen als Antwort nicht in Frage und können somit ausgeschlossen werden.

Schreiben Sie sich die gefundene Antwort für die jeweilige Kartenposition auf. Wenn Sie alle Kartenpositionen gedeutet haben, ergeben die einzelnen Lösungen in der Kombination die umfassende Antwort.

- Wenn auf eine Position des Legesystems als Antwort die Karte des Tieres oder die Karte für die eigene Person, den Lebenspartner bzw. den Fragesteller fällt, legen Sie bitte noch eine weitere Karte darauf. Die Lösung bzw. Antwort hat dann immer einen besonderen, direkten Bezug zu dieser Hauptperson oder dem Tier. Genaueres erfahren Sie dann durch die zusätzlich aufgelegte Karte.

- Ich habe für die „Hauptkarten“, also die weibliche Fragestellerin, den männlichen Fragesteller, die Katze, den Hund und das Pferd, zusätzliche Kartenkombinationen aufgeschrieben. Jede dieser Karten habe ich mit allen anderen 35 Karten in eine Verbindung gesetzt. Somit können Sie ersehen, was die Hauptperson oder das betreffende Tier in der Kombination mit der dazugelegten Karte zu bedeuten hat. Zusätzlich sollten Sie aber auch wieder die einzelnen Bedeutungen der hinzugefügten Karte berücksichtigen.

Legen Sie die Karte für Ihr eigenes Tier oder steht das Tier mit Ihnen in einer direkten Verbindung, weil Sie es z. B. aus dem Tierheim holen möchten, sind Sie die „weibliche Hauptperson" („Die Dame") bzw. „die männliche Hauptperson" („Der Herr"). Legen Sie die Karten aber auf das Tier eines anderen, z. B. einer Bekannten, ist diese die „weibliche Hauptperson" („Die Dame") im Kartenbild.

- Manchmal ergibt sich aus der Bedeutung einer Kartenposition auch eine weitere Frage oder die Antwort der Karten erscheint vielleicht nicht hinreichend. Bearbeiten Sie dann erst einmal die vollständige Legung weiter, führen Sie diese zu Ende.

- Befassen Sie sich im Anschluss gedanklich mit der neu entstandenen Frage, verinnerlichen Sie sich die Thematik. Formulieren Sie dann wieder eine klare Frage und wählen Sie für diese das passende Legesystem aus.

Zu beachten ist auch folgendes: Wenn auf eine „positive" Kartenposition des Legesystems, wie zum Beispiel „Das ist jetzt wichtig" oder „Der Ratschlag der Karten", eine negative Karte fällt, müssen Sie bei der Deutung „umdenken". Befindet sich auf so einer Position z. B. die Karte „Die Mäuse", die auch für „Zeitverlust" steht, kann es bedeuten, dass Sie „keine Zeit verlieren sollten". Die Karte „Der Berg" könnte signalisieren, dass mehr Flexibilität erforderlich ist oder es wichtig ist, Blockaden abzubauen. Sie müssen in so einem Fall die negative Bedeutung umkehren, sie als Hinweis darauf nutzen, was zu verändern ist, bzw. was umgewandelt werden sollte.

Befindet sich eine positive Wahrsagekarte, wie zum Beispiel die Karte „Die Sterne", auf der Kartenposition „Das beeinflusst jetzt negativ" oder auf der Position für „Blockaden aus der Vergangenheit", müssen Sie auch „umdenken". Diese Karte signalisiert dann, dass jetzt, beziehungsweise in der Vergangenheit, die falschen Erkenntnisse erlangt wurden oder es an Klarheit fehlt. Die Karte „Der Garten" weist zum Beispiel auf so einer Position des Legesystems darauf hin, dass es an Ernsthaftigkeit mangelt oder die Angelegenheit eher „oberflächlich" betrachtet oder behandelt wurde.

Oft haben wir auch Ahnungen oder Vermutungen. Diese dürfen wir aber nicht sofort in die Deutung einbeziehen. Wir möchten ja Erkenntnisse gewinnen und nicht unsere Meinung als Ergebnis voraussetzen. Durch das Kartenlegen schulen wir auch unsere Fähigkeit, Zusammenhänge schneller zu erkennen und uns strukturiert mit einer Sachlage zu befassen. Erst wenn wir einen Eindruck von der Situation gewonnen haben, ergänzen und erweitern wir das gewonnene Bild mit unserer Intuition. Auch diese wird durch das Kartenlegen trainiert und geschärft.

Ich weiß, dass es anfangs mühsam sein kann, sich die Antworten zu erarbeiten, aber ich weiß auch, dass regelmäßiges Üben „wahre Wunder“ bewirkt. Je öfter Sie die Karten legen, je vertrauter Ihnen die Wahrsagekarten und ihre Bedeutungen werden, um so leichter, schneller und präziser werden Sie Ihre Legungen ausführen und bestimmt viel Faszination spüren und Freude daran haben. Sicherheit und Routine im Umgang mit den Karten werden Sie erlangen, je intensiver Sie sich mit ihnen befassen. Sie können das Kartenlegen dann als etwas sehr Schönes empfinden. Als wir als Kind unsere ersten Gehversuche unternommen haben, standen wir auch nicht sofort sicher auf unseren Beinen.

Bedenken Sie aber bitte auch: Karten ersetzen z. B. keinen Arzt oder Juristen. Betrachten Sie die Antworten der Karten als Hinweis, Möglichkeit und Hilfestellung, aber ziehen Sie bitte, wenn es die Situation erfordert, auch weitere, entsprechende Hilfe hinzu.

## Kartenlegen für die Tiere von anderen Fragestellern

Sie können die Karten nicht nur für Ihre eigenen Tiere legen, sondern natürlich auch für die Tiere anderer.

Wenn Sie jemand bittet, die Karten für sein Tier zu legen, gehen Sie fast genauso vor, als wenn Sie für Ihr Tier eine Legung vornehmen.

1. Die Frage des Ratsuchenden muss vor dem Mischen der Karten klar formuliert und aufgeschrieben werden.

2. Dann entscheiden Sie, mit welchem Legesystem Sie arbeiten möchten.

3. Gemeinsam mit dem Fragesteller müssen Sie dann die Entscheidung treffen, ob Sie die Karten nach dem Mischen „auffächern“ oder ob Sie die einzelnen, benötigten Karten von dem Kartenstapel „abziehen“. (s. Kapitel „Das Mischen und Auslegen der Wahrsagekarten“).

4. Nun mischen Sie zuerst die Karten und legen diese nach Beendigung verdeckt (Rückseite nach oben) vor den Fragesteller auf den Tisch.

5. Jetzt mischt der Fragesteller die Karten und legt sie nach Beendigung des Mischens verdeckt auf den Tisch.

6. Je nach getroffener Wahl, „fächern“ Sie nun die Karten von links nach rechts (aus Sicht des Fragestellers) vor dem Ratsuchenden aus. Dieser zieht dann mit der linken Hand verdeckt die entsprechenden Karten aus dem Fächer.

   oder:

   Sie, als Kartenleger, „ziehen“ die benötigten Karten von dem Kartenstapel ab.

7. Nun beginnen Sie mit der Kartendeutung. (s. Kapitel „Die Vorgehensweise bei der Kartendeutung“).

## Vorschläge für die Fragestellung

Wird ..x... meine (unsere) Abwesenheit gut verkraften?

Wird es ..x... während meines (unseres) Urlaubes bei ..Y... gut gehen?

Wird ..x... bei ..y... ein gutes Zuhause haben?

Möchte ..x... gerne bei ..y... leben?

Möchte ..x... aus dem Tierheim in ..y... bei mir (uns) leben?

Ist es für ..x... gut, wenn ..y... aus dem Tierheim in ..z... bei uns lebt?

Was ist zu beachten, damit ..x... sich bei mir (uns) wohlfühlt?

Möchte ..x... dass ein weiterer Hund (eine weitere Katze) bei uns lebt?

Ist es für ..x... gut, als weiteres Haustier zu mir (uns) zu kommen?

Werden sich ..x... und ..y... kurzfristig aneinander gewöhnen?

Was kann ich tun, damit sich ..x... und ..y... aneinander gewöhnen?

Was kann ich tun, damit ..x... zutraulicher wird?

Was kann ich tun, um das Vertrauen von ..x... zu gewinnen?

Was kann ich tun, um ..x... wieder zu finden?

Was vermisst ..x... bei mir (uns)?

Was erwartet ..x... von mir?

Was ist jetzt wichtig für ..x...?

Worauf muss ich bei ..x... jetzt besonders achten?

Was muss ich im Umgang mit ..x... jetzt besonders beachten?

Was wünscht sich ..x... jetzt von mir?

Warum verhält ..x... sich zur Zeit so ruhig?

Warum ist ..x... zur Zeit so aggressiv?

Warum ist ..x... zur Zeit so unruhig?

Warum verhält ..x... sich ..y... gegenüber so aggressiv?

Warum verhält ..x... sich bei jedem Spaziergang so ungestüm?

Warum hört ..x... nicht auf mich?

Warum ist ..x... weggelaufen?

Wurde ..x... gestohlen?

Wird ..x... wieder nach Hause finden?

Wird ..x... auf dem Reitturnier in ..y... erfolgreich sein?

Fühlt sich ..x... in dem Stall in ..y... wohl?

Warum fühlt sich ..x... in dem Stall in ..y... nicht wohl?

## Die Lenormand-Karten

Am 27. Mai 1772 wurde in Alençon (Normandie) Marianne Lenormand getauft. Ob sie an diesem Tag auch geboren wurde, ist nicht genau bekannt.

Seit 1797 führte sie in ihrer Wohnung in Paris Beratungen als Wahrsagerin durch. Sie bediente sich dabei wohl verschiedener Methoden, wie z. B. dem Handlesen oder dem Kartenlegen.

Im Laufe der Jahre wurde sie aus den unterschiedlichsten Gründen mehrfach verhaftet, baute sich aber auch ein elitäres Klientel auf, wie z. B. Fürst Metternich, Zar Alexander, Napoleon und seine Frau, Josephine de Beauharnais.

Sie erfuhr die ganze Bandbreite des Lebens, wie Armut, Wohlstand, gesellschaftliches Ansehen und juristische Auseinandersetzungen.

Ihre Wahrsagekenntnisse hat Marianne Lenormand, auch die „Sibylle von Paris" genannt, wohl nie schriftlich verfasst, sonder nur mündlich an wenige Menschen weitergegeben.

Sie verstarb am 25. Juni 1843.

Im Jahr 1845 erschien erstmalig das Große Lenormand-Kartendeck mit 54 Karten.

Die Kleinen Lenormand-Karten, mit denen ich arbeite, erschienen wohl zum ersten Mal 1850.

Es gibt heute die verschiedensten Karten-Darstellungen, da sie immer wieder neu überarbeitet werden.

Aus diesem Grund haben sich im Laufe der Zeit für jede Karte mehrfache und auch unterschiedliche Legesysteme und Deutungsmöglichkeiten ergeben, bzw. haben Kartenleger verschiedene Varianten gelernt oder neu entwickelt.

Um sichere Ergebnisse zu erhalten, sollte sich ein Kartenleger auf eine, für ihn stimmige, Version der Deutungsmöglichkeiten festlegen.

## 1. Der Reiter

**Zeitkarte für:** Kurzfristig

**Tagestendenz:** Aktiv sein

**Thema der Karte:**

Tierkarte für das Pferd.

Karte für das Auto.

Aktivität.

**Bedeutungen:**

Nachricht oder Informationen über das Tier erhalten.

Unternehmungen und Aktivitäten mit dem Tier.

Das Tier ist sehr aktiv und lernwillig.

Das Tier ist weggelaufen oder viel unterwegs.

Ein Auto war „beteiligt“ (z. B.: das Tier wurde angefahren).

**Gesundheit:**

Evtl. hat das Tier Probleme mit den Gelenken.

## 1. Der Reiter — Tierkarte für das Pferd

### in der Kartenkombination mit:

| | |
|---|---|
| 2. Der Klee | Glück für das Pferd.<br><br>Schwierige Situation verbessert sich kurzfristig.<br><br>Eine gute Nachricht erhalten. |
| 3. Das Schiff | Erfolgreiches Reitturnier.<br><br>Angelegenheit oder Vorhaben wegen des Pferdes verläuft erfolgreich. |
| 4. Das Haus | Stall des Pferdes.<br><br>Eine gute Basis. |
| 5. Der Baum | Etwas ist (für das Pferd) nicht in Ordnung.<br><br>Das Pferd hat mentale oder körperliche Beschwerden. |
| 6. Die Wolken | Vorübergehende Probleme mit oder wegen des Pferdes.<br><br>Das Pferd braucht mehr Zuwendung oder eine ruhigere Umgebung. |
| 7. Die Schlange | Warnung vor Lügen oder Betrug bezüglich des Pferdes.<br><br>Evtl. gesundheitliche Probleme des Pferdes durch eine Vergiftung oder eine Darmerkrankung. |
| 8. Der Sarg | Die absolute Veränderung für das Tier.<br><br>Evtl. Verlust des Tieres oder das Pferd erleidet einen Verlust. |
| 9. Die Blumen | Ein freundliches und unbeschwertes Pferd.<br><br>Pläne oder Vorhaben bezüglich des Pferdes verlaufen erfreulich. |

| | |
|---|---|
| **10. Die Sense** | **Verletzungsgefahr für oder durch das Pferd.**<br><br>**Das Pferd hat seelische oder körperliche Verletzungen erlitten.**<br><br>**Aggressive Auseinandersetzungen wegen des Pferdes oder mit ihm.** |
| **11. Die Rute** | **Ein schwieriges, ungeduldiges Pferd.**<br><br>**Das Pferd wird nicht gut behandelt.** |
| **12. Die Vögel** | **Ein unruhiges Pferd.**<br><br>**Probleme mit oder wegen des Pferdes sind nur kurzweilig.** |
| **13. Das Kind** | **Das Pferd wird sich gut entwickeln.**<br><br>**Neubeginn für das Pferd oder durch es.** |
| **14. Der Fuchs** | **Für das Umsetzen von Plänen oder Vorhaben ist jetzt der falsche Zeitpunkt.**<br><br>**Jetzt alles bezüglich des Pferdes genau prüfen.** |
| **15. Der Bär** | **Ein kraftvolles, dominantes Pferd.**<br><br>**Evtl. geht jemand nicht gut mit dem Pferd um.** |
| **16. Die Sterne** | **In einer Angelegenheit das Pferd betreffend werden kurzfristig Erkenntnisse und Einsichten gewonnen.**<br><br>**Sich ein Pferd wünschen.**<br><br>**Ein sehr spirituelles Pferd.** |
| **17. Der Storch** | **Veränderungen für Mensch und Pferd.** |
| **18. Der Hund** | **Alle Angelegenheiten bezüglich des Pferdes sind geschützt und werden einen guten Ausgang nehmen.**<br><br>**Absolutes Vertrauen zwischen Mensch und Pferd.** |
| **19. Der Turm** | **Evtl. braucht das Tier ärztliche Hilfe.**<br><br>**Das Pferd ist innerlich einsam und braucht mehr Zuwendung.**<br><br>**Nicht den Überblick verlieren!** |

| | |
|---|---|
| 20. Der Garten | Veranstaltungen mit dem Pferd wahrnehmen.<br><br>Öfter oder länger mit dem Pferd ausreiten. |
| 21. Der Berg | Sämtliche Pläne, Vorhaben oder Angelegenheiten sind eine Zeitlang blockiert.<br><br>Das Pferd hat innere Blockaden und Ängste. |
| 22. Der Weg | Eine Entscheidung treffen, was für das Pferd jetzt das Beste ist.<br><br>Es gibt Möglichkeiten! |
| 23. Die Mäuse | Warnung vor Zeitverlust!<br><br>Warnung vor Versäumnissen! |
| 24. Das Herz | Das Pferd hat Lebenswillen und Lebensfreude.<br><br>Das Pferd braucht viel Liebe und herzliche Zuwendung. |
| 25. Der Ring | Pläne, Vorhaben oder Aktivitäten mit dem Pferd werden gut verlaufen.<br><br>Tiefe Verbundenheit zwischen Mensch und Tier. |
| 26. Das Buch | Das Pferd braucht noch Zeit, um sich anzupassen oder innerlich zu öffnen.<br><br>Fragen werden bald beantwortet werden, Zusammenhänge werden sich erschließen. |
| 27. Der Brief | Ein ungestümes und temperamentvolles Pferd.<br><br>Informationen bezüglich des Pferdes einholen. |
| 28. Der Herr | Der Besitzer des Pferdes. |
| 29. Die Dame | Die Besitzerin des Pferdes. |
| 30. Die Lilie | Dieses Pferd ist auf Hilfe angewiesen.<br><br>Ein ausgeglichenes und auf Harmonie bedachtes Pferd. |
| 31. Die Sonne | Ein Pferd mit viel Energie und Lebensfreude.<br><br>Dieses Tier schenkt Freude. |

| | |
|---|---|
| **32. Der Mond** | **Ein melancholisches Pferd mit einer wunderbaren Intuition.**<br><br>**Das Pferd verspürt Sehnsucht.** |
| **33. Der Schlüssel** | **Ein Pferd mit vielen Fähigkeiten.**<br><br>**Es gibt eine Lösung!** |
| **34. Die Fische** | **Beruflicher oder finanzieller Erfolg durch das Pferd.**<br><br>**Erfolg oder Sieg des Pferdes.** |
| **35. Der Anker** | **Das Pferd braucht Beständigkeit, Sicherheit und Halt.**<br><br>**In alle Angelegenheiten bezüglich des Pferdes wird Ruhe einkehren.** |
| **36. Das Kreuz** | **Für einander bestimmt sein!**<br><br>**Das Pferd hat oder hatte ein sehr schweres Schicksal.**<br><br>**Etwas belastet das Pferd sehr!** |

## 2. Der Klee

**Zeitkarte für:** Kurzfristig.

**Tagestendenz:** Sich glücklich fühlen.

**Thema der Karte:** Das kleine Glück.

**Bedeutungen:**

Das Tier ist glücklich und heiter.

Glücklich sein durch das Tier.

Glücklicher Ausgang in einer Angelegenheit das Tier betreffend.

Problematische Situation mit dem Tier oder für das Tier wird sich kurzfristig verbessern.

**Gesundheit:** Evtl. das Immunsystem des Tieres stabilisieren, ansonsten eine gute Gesundheit.

# 3. Das Schiff

**Zeitkarte für:**

**Längere Dauer.**

**Eine längere Zeit.**

**Tagestendenz:**

**Ein Tag für Erledigungen.**

**Thema der Karte:**

**Tierkarte für ein Tier aus einem anderen Land.**

**Unterwegs sein. Reisen.**

**Bedeutungen:**

**Das Tier ist noch längere Zeit unterwegs.**

**Das Tier kommt aus einem anderen Land.**

**Eine Reise mit dem Tier oder wegen des Tieres.**

**Angelegenheit oder Vorhaben bezüglich des Tieres verläuft erfolgreich.**

**Erfolgreiche Tierzucht.**

**Erfolgreiches Reitturnier.**

**Gesundheit:**

**Evtl. Hinweis auf eine exotische Krankheit des Tieres.**

## 4. Das Haus

| | |
|---|---|
| **Karte für:** | **Dauer.**<br>**Beständigkeit.** |
| **Tagestendenz:** | **Gelassenheit.** |
| **Thema der Karte:** | **Stall des Pferdes.**<br>**Das Zuhause des Tieres.**<br>**Dauer. Beständigkeit.** |
| **Bedeutungen:** | **Das Familienleben mit dem Tier.**<br>**Das Tier braucht Beständigkeit.**<br>**Die Situation bezüglich des Tieres ist stabil oder festigt sich.**<br>**Das Tier hat einen guten, gefestigten Charakter.** |
| **Gesundheit:** | **Der gesundheitliche Zustand des Tieres ist gut oder stabilisiert sich.** |

## 5. Der Baum

| | |
|---|---|
| **Zeitkarte für:** | **Einen langen Zeitraum.** |
| **Tagestendenz:** | **Sich nicht wohl fühlen.**<br><br>**Mit etwas hadern.** |
| **Thema der Karte:** | **Etwas krankt oder verläuft nicht richtig.** |
| **Bedeutungen:** | **Etwas Grundsätzliches ist für das Tier nicht in Ordnung.**<br><br>**Das Tier fühlt sich nicht genug beachtet.**<br><br>**Eine Angelegenheit das Tier betreffend verläuft nicht ordnungsgemäß.**<br><br>**Jemand hat dem Tier gegenüber eine negative Einstellung.**<br><br>**Das Tier befindet sich in einem Wald.** |
| **Gesundheit:** | **Evtl. wird dem Tier körperlich oder seelisch zuviel zugemutet.**<br><br>**Das Tier fühlt sich evtl. kraftlos.** |

## 6. Die Wolken

**Karte für:** Unruhige Zeiten.

**Tagestendenz:** Stimmungs-schwankungen.

**Thema der Karte:** Vorübergehende Schwierigkeiten.

**Bedeutungen:**

Vorübergehende Schwierigkeiten oder Rückschläge mit dem Tier oder wegen des Tieres.

Vorübergehende Unruhe des Tieres.

Im Umgang mit dem Tier disziplinierter sein und sich konsequenter verhalten.

Dem Tier mangelt es an Kontinuität.

Stimmungsschwankungen des Tieres aus Eifersucht.

**Gesundheit:** Evtl. immer wieder kurzzeitige gesundheitliche Beeinträchtigungen des Tieres.

## 7. Die Schlange

**Karte für:** Abwarten.

**Tagestendenz:** Sich durch den Tag schlängeln.

Passiv sein.

**Thema der Karte:** Karte für die Schlange, das Reptil oder ein exotisches Tier.

Unehrlichkeit.

**Bedeutungen:** Das Tier ist irritiert.

Umständliches Handling oder Miteinander mit dem Tier.

Jemand ist neidisch oder eifersüchtig wegen des Tieres oder auf das Tier.

Vorsicht vor Lügen oder Betrug bezüglich des Tieres.

Das Tier auf Umwegen finden oder erhalten.

**Gesundheit:** Evtl. gesundheitliche Beeinträchtigung durch eine Vergiftung.

Evtl. Probleme im Darmtrakt des Tieres.

# 8. Der Sarg

| | |
|---|---|
| **Zeitkarte für:** | **Sofort.**<br>**Die Ewigkeit.** |
| **Tagestendenz:** | **Wunsch nach einer großen Veränderung.** |
| **Thema der Karte:** | **Beendigung. Absolute Veränderung.** |
| **Bedeutungen:** | **Absolute Veränderung für das Tier oder durch das Tier.**<br>**Die jetzige Situation mit dem Tier oder wegen des Tieres wird sich absolut verändern.**<br>**Das Tier erleidet einen Verlust.**<br>**Verlust des Tieres.** |
| **Gesundheit:** | **Evtl. Energieverlust des Tieres.** |

## 9. Die Blumen

| | |
|---|---|
| **Zeitkarte für:** | **Frühjahr und Sommer.** |
| **Tagestendenz:** | **Fröhlich sein.** |
| **Thema der Karte:** | **Freude. Frohsinn.** |
| **Bedeutungen:** | **Dem Tier eine Freude machen.**<br>**Viel Freude durch das Tier haben.**<br>**Fröhliches, unbeschwertes Miteinander mit dem Tier.**<br>**Das Tier hat einen freundlichen Charakter.**<br>**Angelegenheiten bezüglich des Tieres verlaufen erfreulich.** |
| **Gesundheit:** | **Gute Gesundheit des Tieres oder guter Verlauf einer Krankheit.** |

## 10. Die Sense

**Zeitkarte für:** Plötzlich.

Herbst.

**Tagestendenz:** Aggressiv sein.

**Thema der Karte:** Verletzung. Aggression.

**Bedeutungen:** Das Tier hat Angst oder ist aggressiv.

Das Tier hat seelische oder körperliche Verletzungen erlitten.

Auseinandersetzungen wegen des Tieres oder mit dem Tier.

Unerwartete Trennung für das Tier oder von dem Tier.

**Gesundheit:** Evtl. Kieferprobleme oder Probleme mit den Zähnen.

Evtl. Warnung vor (kleinen) Verletzungen des Tieres oder es neigt dazu, sich oft zu verletzen.

## 11. Die Rute

**Karte für:** Regelmässige Abstände.

**Tagestendenz:** Aufbrausend sein.

Ungeduldig sein.

**Thema der Karte:** Streit. Wut.

**Bedeutungen:** Das Tier ist leicht reizbar.

Schwieriger Umgang mit dem Tier für Menschen und/ oder andere Tiere.

Das Tier verursacht Auseinandersetzungen.

Zu wenig Geduld für das Tier aufbringen.

Grober Umgang mit dem Tier.

**Gesundheit:** Evtl. gesundheitliche Probleme der Muskeln oder Knochen.

Evtl. eine Entzündung im Körper des Tieres.

## 12. Die Vögel

**Karte für:**

**Kurzweilig.**

**Unruhige Zeiten.**

**Tagestendenz:**

**Innere Unruhe.**

**Thema der Karte:**

**Karte für kleine Vögel und Hühner.**

**Unruhe.**

**Bedeutungen:**

**Sorgen oder Schwierigkeiten mit dem Tier oder wegen des Tieres sind nur von kurzer Dauer.**

**Die (innere) Unruhe wegen des Tieres hält nicht lange an.**

**Das Tier ist nervös oder unruhig.**

**Das Tier braucht mehr Ruhe und Beständigkeit.**

**Gesundheit:**

**Evtl. Kreislaufbeschwerden des Tieres.**

**Evtl. neurologische Probleme.**

# 13. Das Kind

**Karte für:** Neubeginn.

**Tagestendenz:** Neugierig auf das Leben sein.

Nach neuen Möglichkeiten Ausschau halten.

**Thema der Karte:** Tierkarte für die Katze oder ein anderes Haustier (z. B. den 2. Hund).

Der kleine Neubeginn.

**Bedeutungen:** Neuanfang für das Tier oder durch das Tier.

Das Tier wird sich weiter entwickeln.

Langsame Eingewöhnung des Tieres.

Ein neues Haustier wird kommen.

**Gesundheit:** Evtl. geschwächtes Immunsystem des Tieres.

## 13. Das Kind Tierkarte für die Katze

**(oder ein weiteres Haustier, z. B. den 2. Hund)**

### in der Kartenkombination mit:

| | |
|---|---|
| **1. Der Reiter** | **Die Katze ist weggelaufen oder sehr aktiv, viel unterwegs.**<br><br>**Kurzfristig Nachricht wegen der Katze erhalten.**<br><br>**Evtl. wurde die Katze angefahren.** |
| **2. Der Klee** | **Eine Angelegenheit in Bezug auf die Katze wird kurzfristig glückvoll verlaufen.**<br><br>**Eine glückliche Katze!** |
| **3. Das Schiff** | **Die Katze ist schon länger unterwegs oder wird es noch für längere Zeit sein.**<br><br>**Erfolgreicher Verlauf einer Angelegenheit die Katze betreffend.** |
| **4. Das Haus** | **Die Katze braucht Familienleben und Beständigkeit.**<br><br>**Die Situation wird sich stabilisieren.** |
| **5. Der Baum** | **Etwas ist für oder mit der Katze nicht in Ordnung.**<br><br>**Eine Angelegenheit die Katze betreffend verläuft negativ.**<br><br>**Die Katze evtl. in einem Wald suchen.** |
| **6. Die Wolken** | **Die Katze ist eifersüchtig.**<br><br>**Sorgen wegen der Katze gehen bald vorüber.** |
| **7. Die Schlange** | **Jemand ist eifersüchtig auf die Katze oder wegen ihr.**<br><br>**Die Katze nicht auf direkten Weg finden oder erhalten.** |

| | |
|---|---|
| **8. Der Sarg** | **Die jetzige Situation mit oder wegen der Katze wird sich absolut verändern.**<br><br>**Die Katze erleidet einen Verlust oder Verlust der Katze.** |
| **9. Die Blumen** | **Alle Angelegenheiten, Pläne oder Vorhaben im Hinblick auf die Katze verlaufen erfreulich.**<br><br>**Eine fröhliche Katze.** |
| **10. Die Sense** | **Die Katze hat seelische oder körperliche Verletzungen erlitten.**<br><br>**Die Katze ist aggressiv oder ängstlich.**<br><br>**Die Katze muss eine Trennung hinnehmen.** |
| **11. Die Rute** | **Die Katze sucht die Konfrontation.**<br><br>**Die Katze duldet kein weiteres Tier im Haus.**<br><br>**Jemand geht nicht gut oder grob mit der Katze um.** |
| **12. Die Vögel** | **Unruhige Zeiten mit der Katze oder wegen ihr sind nur kurzweilig.**<br><br>**Die Katze ist nervös und braucht mehr Kontinuität.** |
| **14. Der Fuchs** | **Warnung vor Diebstahl oder Abhandenkommen der Katze.**<br><br>**Falsches Denken und Handeln bezüglich der Katze.** |
| **15. Der Bär** | **Eine dominante, zur Eifersucht neigende Katze.**<br><br>**Jemand geht oder ging grob oder brutal mit der Katze um.** |
| **16. Die Sterne** | **In einer Angelegenheit die Katze betreffend werden kurzfristig Erkenntnisse und Einsichten gewonnen.**<br><br>**Sich eine Katze wünschen.**<br><br>**Eine sehr spirituelle Katze.** |
| **17. Der Storch** | **Veränderungen für die Katze und ihren Menschen.** |

| | |
|---|---|
| **18. Der Hund** | **Alle Angelegenheiten bezüglich der Katze sind geschützt und werden einen guten Ausgang nehmen.**<br><br>**Absolutes Vertrauen zwischen Katze und Mensch.** |
| **19. Der Turm** | **Evtl. braucht die Katze ärztliche Hilfe.**<br><br>**Ein Tierheim aufsuchen.**<br><br>**Die Katze ist einsam und braucht mehr Zuwendung.**<br><br>**Nicht den Überblick verlieren!** |
| **20. Der Garten** | **Die Katze evtl. in Gärten oder im Park suchen.**<br><br>**Die Katze hat viele Kontakte zu Menschen und anderen Tieren.**<br><br>**Die Katze braucht mehr soziale Kontakte.** |
| **21. Der Berg** | **Sämtliche Pläne, Vorhaben oder Angelegenheiten sind eine zeitlang blockiert.**<br><br>**Die Katze hat innere Blockaden und Ängste.** |
| **22. Der Weg** | **Eine Entscheidung bezüglich der Katze treffen.**<br><br>**Es gibt mehrere Lösungswege.**<br><br>**Evtl. ist die Katze unterwegs oder weggelaufen.** |
| **23. Die Mäuse** | **Warnung vor Zeitverlust!**<br><br>**Warnung vor Versäumnissen!** |
| **24. Das Herz** | **Die Katze hat Lebenswillen und Lebensfreude.**<br><br>**Die Katze braucht viel Liebe und herzliche Zuwendung.** |
| **25. Der Ring** | **Pläne, Vorhaben oder Aktivitäten bezüglich der Katze werden gut verlaufen.**<br><br>**Tiefe Verbundenheit zwischen Mensch und Tier.** |

| | |
|---|---|
| **26. Das Buch** | **Die Katze wird sich mit der Zeit anpassen und Vertrauen fassen.**<br><br>**Fragen wegen der Katze werden bald beantwortet werden, Zusammenhänge werden sich erschließen.** |
| **27. Der Brief** | **Eine ungestüme und temperamentvolle Katze.**<br><br>**Informationen bezüglich der Katze einholen oder weitergeben..** |
| **28. Der Herr** | **Der Besitzer der Katze.** |
| **29. Die Dame** | **Die Besitzerin der Katze.** |
| **30. Die Lilie** | **Diese Katze benötigt Hilfe oder Unterstützung.**<br><br>**Eine ausgeglichene und auf Harmonie bedachte Katze.**<br><br>**Evtl. sollte die Katze kastriert werden.** |
| **31. Die Sonne** | **Die Katze hat viel Energie und Lebensfreude.**<br><br>**Dieses Tier schenkt Lebensfreude.** |
| **32. Der Mond** | **Eine melancholische Katze mit einer wunderbaren Intuition.**<br><br>**Die Katze verspürt Sehnsucht.** |
| **33. Der Schlüssel** | **Es gibt eine Lösung!** |
| **34. Die Fische** | **Erfolgreiche Katzenzucht.**<br><br>**Pläne und Vorhaben verlaufen erfolgreich.** |
| **35. Der Anker** | **Die Katze braucht Beständigkeit, Sicherheit und Halt.**<br><br>**In alle Angelegenheiten bezüglich der Katze wird Ruhe einkehren.** |
| **36. Das Kreuz** | **Für einander bestimmt sein!**<br><br>**Die Katze hat oder hatte ein sehr schweres Schicksal.**<br><br>**Etwas belastet die Katze sehr.** |

# 14. Der Fuchs

**Karte für:** Der falsche Zeitpunkt.

**Tagestendenz:** Zu voreiligem Verhalten neigen.

**Thema der Karte:** Karte für den Fuchs.

Diebstahl. Falsches Verhalten.

**Bedeutungen:** Warnung vor dem Diebstahl des Tieres.

Warnung vor Betrug, Lügen oder einer falschen Information das Tier betreffend.

Falsches Verhalten dem Tier gegenüber.

Falsches Handeln.

Die Situation mit dem Tier falsch einschätzen.

Das Tier hat keinen guten Charakter.

**Gesundheit:** Evtl. gesundheitliche Probleme des Tieres im Kopfbereich.

Dieser Arzt ist keine gute Wahl.

## 15. Der Bär

| | |
|---|---|
| **Zeitkarte für:** | **Einige Jahre.** |
| **Tagestendenz:** | **Die Kraft haben.**<br>**Zur Eifersucht neigen.** |
| **Thema der Karte:** | **Karte für große Tiere, wie z. B. Kühe.**<br>**Dominanz. Macht. Eifersucht.** |
| **Bedeutungen:** | **Ein kraftvolles, starkes Tier.**<br>**Ein willensstarkes, dominantes Tier mit dem Hang zur Eifersucht.**<br>**Das Tier ist schwer einzuschätzen.**<br>**Dieses Tier braucht Menschen mit entsprechender Erfahrung.**<br>**Machtvoller Umgang mit dem Tier.** |
| **Gesundheit:** | **Evtl. Bluthochdruck.** |

## 16. Die Sterne

| | |
|---|---|
| **Karte für:** | **Abends.**<br><br>**Nachts.** |
| **Tagestendenz:** | **Besonders spirituell sein.**<br><br>**Wünsche und Bedürfnisse erkennen.** |
| **Thema der Karte:** | **Erkenntnisse. Klarheit.** |
| **Bedeutungen:** | **Die Verbindung zwischen Mensch und Tier steht unter einem guten Stern.**<br><br>**Tier und Mensch wissen sich gegenseitig richtig einzuschätzen.**<br><br>**In einer Angelegenheit das Tier betreffend wird Klarheit erlangt.**<br><br>**Erkenntnisse gewinnen.**<br><br>**Spirituelle Hilfe suchen.** |
| **Gesundheit:** | **Die Ursache der gesundheitlichen Probleme des Tieres wird erkannt.**<br><br>**Evtl. medizinische Behandlungen werden erfolgreich sein und etwaige Operationen gut verlaufen.** |

## 17. Der Storch

| | |
|---|---|
| **Karte für:** | **Zeit für Veränderungen.** |
| **Tagestendenz:** | **Wechselhafte Stimmungen.**<br><br>**Launisch sein.** |
| **Thema der Karte:** | **Tierkarte für den großen Vogel.**<br><br>**Karte für das Flugzeug.**<br><br>**Veränderung.** |
| **Bedeutungen:** | **Für das Tier wird sich etwas verändern.**<br><br>**Durch das Tier wird sich etwas verändern.**<br><br>**Das Tier wird sein Verhalten ändern.**<br><br>**Veränderungen im Miteinander zwischen Mensch und Tier.**<br><br>**Jetzt ist der richtige Zeitpunkt, um angedachte Veränderungen umzusetzen.** |
| **Gesundheit:** | **Evtl. Krankheit mit verschiedenen bzw. wechselnden Symptomen.**<br><br>**Evtl. hat das Tier gesundheitliche Probleme mit den Beinen.**<br><br>**Evtl. Schwangerschaft des Tieres.** |

## 18. Der Hund

**Karte für:** Beständigkeit.

Dauer.

**Tagestendenz:** In sich Ruhen.

**Thema der Karte:** Tierkarte für den Hund. Schutzkarte.

Treue.

**Bedeutungen:** Wahre Freundschaft, Treue und Vertrauen verbinden Mensch und Tier miteinander.

Diesem Tier kann absolut vertraut werden.

Eine Angelegenheit das Tier betreffend ist geschützt und wird gut verlaufen.

Das Tier ist geschützt.

**Gesundheit:** Evtl. Probleme im Mund-/ Halsbereich.

## 18. Der Hund — Tierkarte für den Hund

### in der Kartenkombination mit:

| | |
|---|---|
| 1. Der Reiter | Der Hund ist weggelaufen oder läuft öfter weg.<br><br>Ein sehr aktiver Hund.<br><br>Kurzfristig Nachricht wegen des Hundes erhalten.<br><br>Evtl. wurde der Hund angefahren. |
| 2. Der Klee | Eine Angelegenheit in Bezug auf den Hund wird kurzfristig glückvoll verlaufen.<br><br>Ein glücklicher Hund! |
| 3. Das Schiff | Der Hund ist schon länger unterwegs oder wird es noch für längere Zeit sein.<br><br>Mit dem Hund verreisen oder ein Hund aus einem anderen Land.<br><br>Erfolgreicher Verlauf einer Angelegenheit den Hund betreffend. |
| 4. Das Haus | Der Hund braucht mehr  Ruhe und Beständigkeit.<br><br>Die Situation wird sich stabilisieren. |
| 5. Der Baum | Etwas ist für oder mit dem Hund nicht in Ordnung.<br><br>Eine Angelegenheit den Hund betreffend verläuft negativ.<br><br>Den Hund evtl. in einem Wald suchen. |
| 6. Die Wolken | Der Hund ist eifersüchtig.<br><br>Ängste oder Sorgen wegen des Hundes gehen bald vorüber. |

| | |
|---|---|
| **7. Die Schlange** | **Jemand ist eifersüchtig auf den Hund oder wegen ihm.**<br><br>**Den Hund nicht auf direkten Weg finden oder erhalten.** |
| **8. Der Sarg** | **Die jetzige Situation mit oder wegen des Hundes wird sich absolut verändern.**<br><br>**Der Hund erleidet einen Verlust oder Verlust des Hundes.** |
| **9. Die Blumen** | **Alle Angelegenheiten, Pläne oder Vorhaben im Hinblick auf den Hund verlaufen erfreulich.**<br><br>**Ein fröhlicher Hund.** |
| **10. Die Sense** | **Der Hund hat seelische oder körperliche Verletzungen erlitten.**<br><br>**Der Hund ist aggressiv oder ängstlich.**<br><br>**Der Hund muss eine Trennung hinnehmen.** |
| **11. Die Rute** | **Der Hund verursacht Auseinandersetzungen oder Beißereien.**<br><br>**Der Hund duldet kein weiteres Tier im Haus.**<br><br>**Jemand geht nicht gut oder grob mit dem Hund um.** |
| **12. Die Vögel** | **Unruhige Zeiten mit dem Hund oder wegen ihm sind nur kurzweilig.**<br><br>**Der Hund ist nervös und braucht mehr Kontinuität.** |
| **13. Das Kind** | **Der Hund wird sich mit der Zeit eingewöhnen.**<br><br>**Neuanfang für den Hund oder durch ihn.** |
| **14. Der Fuchs** | **Warnung vor Diebstahl oder Abhandenkommen des Hundes.**<br><br>**Falsches Denken und Handeln bezüglich des Hundes.** |
| **15. Der Bär** | **Ein dominanter, zur Eifersucht neigender Hund.**<br><br>**Jemand geht oder ging grob oder brutal mit dem Hund um.** |

| | |
|---|---|
| **16. Die Sterne** | **In einer Angelegenheit den Hund betreffend werden kurzfristig Erkenntnisse und Einsichten gewonnen.**<br><br>**Sich einen Hund wünschen.**<br><br>**Eine sehr spiritueller Hund.** |
| **17. Der Storch** | **Veränderungen für den Hund und seinen Menschen.** |
| **19. Der Turm** | **Evtl. braucht der Hund ärztliche Hilfe.**<br><br>**Ein Tierheim aufsuchen.**<br><br>**Der Hund ist (innerlich) einsam und braucht mehr Zuwendung.**<br><br>**Nicht den Überblick verlieren!** |
| **20. Der Garten** | **Den Hund evtl. im Park suchen.**<br><br>**Der Hund braucht (mehr) Kontakte zu Artgenossen.**<br><br>**Der Hund ist sehr kontaktfreudig.** |
| **21. Der Berg** | **Sämtliche Pläne, Vorhaben oder Angelegenheiten sind eine Zeitlang blockiert.**<br><br>**Der Hund hat innere Blockaden und Ängste.** |
| **22. Der Weg** | **Eine Entscheidung bezüglich des Hundes treffen.**<br><br>**Es gibt mehrere Lösungswege.**<br><br>**Evtl. ist der Hund unterwegs oder weggelaufen.** |
| **23. Die Mäuse** | **Warnung vor Zeitverlust!**<br><br>**Warnung vor Versäumnissen!** |
| **24. Das Herz** | **Der Hund hat Lebenswillen und Lebensfreude.**<br><br>**Der Hund braucht viel Liebe und herzliche Zuwendung.** |
| **25. Der Ring** | **Pläne, Vorhaben oder Aktivitäten bezüglich des Hundes werden gut verlaufen.**<br><br>**Tiefe Verbundenheit zwischen Mensch und Tier.** |

| | |
|---|---|
| **26. Das Buch** | **Der Hund wird sich mit der Zeit anpassen und Vertrauen fassen.**<br><br>**Fragen wegen des Hundes werden bald beantwortet werden, Zusammenhänge werden sich erschließen.** |
| **27. Der Brief** | **Eine ungestümer und temperamentvoller Hund.**<br><br>**Informationen bezüglich des Hundes einholen oder weitergeben.** |
| **28. Der Herr** | **Der Besitzer des Hundes.** |
| **29. Die Dame** | **Die Besitzerin des Hundes.** |
| **30. Die Lilie** | **Dieser Hund benötigt Hilfe oder Unterstützung.**<br><br>**Ein ausgeglichener und auf Harmonie bedachter Hund.**<br><br>**Evtl. sollte der Hund kastriert werden.** |
| **31. Die Sonne** | **Der Hund hat viel Energie und Lebensfreude.**<br><br>**Dieses Tier schenkt Lebensfreude.** |
| **32. Der Mond** | **Ein melancholischer Hund mit einer wunderbaren Intuition.**<br><br>**Der Hund verspürt Sehnsucht.** |
| **33. Der Schlüssel** | **Es gibt eine Lösung!** |
| **34. Die Fische** | **Erfolgreiche Hundezucht.**<br><br>**Pläne und Vorhaben verlaufen erfolgreich.** |
| **35. Der Anker** | **Der Hund braucht Beständigkeit, Sicherheit und Halt.**<br><br>**In alle Angelegenheiten bezüglich des Hundes wird Ruhe einkehren.** |
| **36. Das Kreuz** | **Für einander bestimmt sein!**<br><br>**Der Hund hat oder hatte ein sehr schweres Schicksal.**<br><br>**Etwas belastet den Hund sehr.** |

## 19. Der Turm

**Zeitkarte für:** Bis zu einem Jahr.

**Tagestendenz:** Sich innerlich einsam fühlen.

**Thema der Karte:**

Tierheim. Tierklinik. Tierarztpraxis.

Behörde.

Innere Isolation.

**Bedeutungen:**

Ein Tier aus dem Tierheim.

Mit dem Tier einen Tierarzt oder eine Tierklinik aufsuchen.

Kontakt zu einer Behörde wegen des Tieres.

Das Tier ist einsam und fühlt sich allein.

Sich bei einer Angelegenheit das Tier betreffend den Überblick verschaffen und darauf achten, diesen zu behalten.

**Gesundheit:** Evtl. gesundheitliche Probleme mit der Wirbelsäule.

## 20. Der Garten

**Zeitkarte für:** Frühjahr und Sommer.

**Tagestendenz:** Ausgelassen sein.

**Thema der Karte:**

Reitturnier. Tierzucht. Hundeschule usw.

Öffentlichkeit.

Heiterkeit.

**Bedeutungen:**

Mit dem Tier einen Beruf ausüben.

Mit dem Tier in die Öffentlichkeit gehen.

Sich wegen des Tieres an die Öffentlichkeit wenden.

Das Tier an andere Menschen und Tiere gewöhnen.

Das Tier braucht mehr Kontakte zu Artgenossen.

Das Tier befindet sich in einer Grünanlage (Garten, Park usw.)

**Gesundheit:** Evtl. Risiko einer Virusinfektion.

# 21. Der Berg

**Karte für:** Stillstand.

**Tagestendenz:** Unflexibel sein.

**Thema der Karte:** Blockaden. Hindernisse.

**Bedeutungen:**

Das Tier hat innere Blockaden.

Dem Tier gegenüber innerlich blockiert sein oder eine negative Einstellung haben.

In einer Angelegenheit das Tier betreffend stellen sich Hindernisse und Blockaden ein.

Stillstand. Jetzt kann nichts weiter getan werden.

Zur Zeit gibt es keine neuen Informationen bezüglich des Tieres.

**Gesundheit:**

Evtl. gesundheitliche Probleme im Kopfbereich.

Evtl. bringt diese medizinische Behandlung jetzt keinen Erfolg.

## 22. Der Weg

| | |
|---|---|
| **Zeitkarte für:** | **Einige Wochen.** |
| **Tagestendenz:** | **Aktiv sein.** |
| **Thema der Karte:** | **Der neue Lebensweg.**<br><br>**Eine Entscheidung treffen.** |
| **Bedeutungen:** | **Für das Tier oder für Mensch und Tier müssen Entscheidungen getroffen werden.**<br><br>**Mensch und Tier gehen einen neuen Lebensweg.**<br><br>**Die Wahl haben, für welchen Weg, welche Möglichkeiten man sich entscheidet.**<br><br>**Das Tier ist nur kurze Zeit unterwegs oder auf Reisen.** |
| **Gesundheit:** | **Evtl. Probleme mit Adern, Venen oder der Blutzirkulation.**<br><br>**Evtl. braucht das Tier mehr körperliche Bewegung.** |

# 23. Die Mäuse

| | |
|---|---|
| **Zeitkarte für:** | **Sofort.**<br>**Zeitverlust.** |
| **Tagestendenz:** | **Verlustangst.** |
| **Thema der Karte:** | **Tierkarte für Mäuse, Hamster und Parasiten.**<br>**Verlust.** |
| **Bedeutungen:** | **Warnung vor Diebstahl oder Verlust des Tieres.**<br>**In einer Angelegenheit das Tier betreffend muss schnell eine Entscheidung getroffen werden oder sofort gehandelt werden.**<br>**Eine Nachricht bezüglich des Tieres wird unterschlagen oder geht verloren.**<br>**Das Tier verliert die Anerkennung oder fühlt sich nicht anerkannt.**<br>**Verlustangst.** |
| **Gesundheit:** | **Evtl. Virusinfektion.**<br>**Evtl. Erkrankung durch Parasiten.** |

## 24. Das Herz

| | |
|---|---|
| **Karte für:** | **Regelmässig.** |
| **Tagestendenz:** | **Viel Zuwendung brauchen.** |
| **Thema der Karte:** | **Liebe. Lebensglück. Lebensfreude.** |
| **Bedeutungen:** | **Mensch und Tier verbindet eine große Liebe.**<br>**Eine herzliche Verbindung.**<br>**Das Miteinander als Lebensglück empfinden.**<br>**Das Tier braucht viel Liebe.**<br>**Ein herzliches, lebensfrohes Tier.**<br>**Auf sein Herz „hören“.** |
| **Gesundheit:** | **Evtl. Herzprobleme oder eine Blutkrankheit.** |

## 25. Der Ring

**Zeitkarte für:** **Einige Jahre.**

**Tagestendenz:** **Zufrieden sein.**

**Thema der Karte:** **Verbundenheit. Beziehung.**

**Bedeutungen:**

**Verbundenheit zwischen Mensch und Tier.**

**Im Miteinander läuft alles „rund“.**

**Gute Kooperation wegen des Tieres.**

**Sich durch das Tier gebunden fühlen.**

**Gesundheit:**

**Evtl. chronische Beschwerden.**

**Evtl. besteht das Risiko einer chronischen Erkrankung.**

## 26. Das Buch

| | |
|---|---|
| **Karte für:** | **Die Zukunft.** |
| **Tagestendenz:** | **Sich innerlich zurückziehen.** |
| **Thema der Karte:** | **Das Unbekannte. Ein Lernprozess.** |
| **Bedeutungen:** | **Ein Geheimnis wird gelüftet.**<br>**Im Hinblick auf das Tier werden sich Zusammenhänge erschließen.**<br>**Das Tier ist innerlich verschlossen und noch nicht zutraulich.**<br>**Das Tier ist irgendwo eingeschlossen.**<br>**Gemeinsam mit dem Tier etwas lernen.**<br>**Durch das Tier etwas lernen.** |
| **Gesundheit:** | **Evtl. medizinischen Check durchführen lassen.**<br>**Evtl. hat das Tier eine bisher unentdeckte Krankheit.** |

## 27. Der Brief

| | |
|---|---|
| **Zeitkarte für:** | **Kurzfristig.**<br>**Kurzweilig.** |
| **Tagestendenz:** | **Gesellig sein.** |
| **Thema der Karte:** | **Ein spontanes, ungestümes Tier.**<br>**Kommunikation. Nachricht. Information.** |
| **Bedeutungen:** | **Dieses Tier sucht soziale Kontakte mit Artgenossen.**<br>**Das Tier braucht viel Aufmerksamkeit und Geselligkeit.**<br>**Ein verspieltes und neugieriges Tier.**<br>**Gespräche wegen des Tieres führen.**<br>**Informationen und Nachrichten bezüglich des Tieres erhalten.** |
| **Gesundheit:** | **Evtl. eine Diagnose erhalten.** |

## 28. Der Herr

**Thema der Karte:**

**Die männliche Hauptperson. (Der männliche Fragesteller).**

**Der Partner der weiblichen Hauptperson, der Fragestellerin.**

**Bedeutungen:**

**Wenn diese Karte bei einer in diesem Buch aufgeführten Legung erscheint, bezieht sich die Antwort immer auf die männliche Hauptperson.**

**Um festzustellen, worum es dabei geht, ziehen Sie bitte eine weitere Karte.**

Ab Seite 61 können Sie die Bedeutung der Kartenkombination für die männliche Hauptperson entnehmen. Zudem sollten Sie aber auch die eigene Bedeutung der zusätzlich gezogenen Karte prüfen.
Beide Ergebnisse ergeben die Antwort der Karten auf diese Frage.

## 29. Die Dame

**Thema der Karte:**

**Die weibliche Hauptperson. (Die weibliche Fragestellerin).**

**Die Partnerin der männlichen Hauptperson (des Fragestellers).**

**Bedeutungen:**

**Wenn diese Karte bei einer in diesem Buch aufgeführten Legung erscheint, bezieht sich die Antwort immer auf die weibliche Hauptperson.**

**Um festzustellen, worum es dabei geht, ziehen Sie bitte eine weitere Karte.**

Auf den folgenden Seiten können Sie die Bedeutung der Kartenkombination für die weibliche Hauptperson entnehmen. Zudem sollten Sie aber auch die eigene Bedeutung der zusätzlich gezogenen Karte prüfen.
Beide Ergebnisse ergeben die Antwort der Karten auf diese Frage.

**28. Der Herr** — **Der männliche Fragesteller oder der Partner der Fragestellerin**

**29. Die Dame** — **Die weibliche Fragestellerin oder die Partnerin des Fragestellers**

**in der Kartenkombination mit:**

| | |
|---|---|
| 1. Der Reiter | Besitzer/in des Pferdes.<br>Gemeinsame Aktivitäten mit dem Tier.<br>Informationen (über das Tier) erhalten. |
| 2. Der Klee | Glücklich sein.<br>Glücklicher Ausgang einer Situation. |
| 3. Das Schiff | Erfolgreiches Arbeiten mit dem Tier.<br>Pläne oder Vorhaben werden erfolgreich sein.<br>Viel Reisen. |
| 4. Das Haus | Dem Tier Stabilität geben und Gelassenheit gewinnen.<br>Stabile Situation wegen des Tieres. |
| 5. Der Baum | Etwas krankt.<br>Etwas verläuft nicht ordnungsgemäß.<br>Eine negative Einstellung dem Tier gegenüber haben. |

| | |
|---|---|
| **6. Die Wolken** | **(Vorübergehende) Unruhe wegen des Tieres.**<br><br>**Sich dem Tier gegenüber launisch verhalten.**<br><br>**Inkonsequent sein.** |
| **7. Die Schlange** | **Eifersüchtig auf das Tier sein.**<br><br>**Sich zu passiv verhalten.**<br><br>**Wegen des Tieres lügen oder angelogen werden.** |
| **8. Der Sarg** | **Die Situation wegen des Tieres oder mit dem Tier wird sich absolut verändern.**<br><br>**Die Situation für das Tier total verändern.**<br><br>**Verlust des Tieres.** |
| **9. Die Blumen** | **Lebensfreude durch das Tier erhalten.**<br><br>**Ein Tier geschenkt bekommen.**<br><br>**Angelegenheiten bezüglich des Tieres nehmen einen erfreulichen Verlauf.** |
| **10. Die Sense** | **Angst vor dem Tier oder einer Verletzung haben.**<br><br>**Auseinandersetzungen mit dem Tier oder wegen des Tieres.**<br><br>**Seelische Leiden wegen des Tieres.**<br><br>**Unerwartete Trennung von dem Tier.** |
| **11. Die Rute** | **Zu wenig Geduld mit dem Tier haben.**<br><br>**Auseinandersetzungen oder Streit wegen des Tieres haben.**<br><br>**Grob mit dem Tier umgehen.** |
| **12. Die Vögel** | **Zu wenig Zeit für das Tier haben.**<br><br>**Kurzweilige Sorgen um das Tier haben.**<br><br>**Sorgen oder Schwierigkeiten wegen des Tieres sind nur von kurzer Dauer.** |

| | |
|---|---|
| **13. Das Kind** | **Besitzer/in der Katze.**<br><br>**Ein Neuanfang durch oder mit dem Tier.**<br><br>**Ein neues Haustier wird kommen.**<br><br>**Die Situation mit dem Tier wird sich langsam entwickeln.** |
| **14. Der Fuchs** | **Der falsche Zeitpunkt für Entscheidungen oder Handlungen.**<br><br>**Warnung vor dem Diebstahl des Tieres.**<br><br>**Falsches Verhalten dem Tier gegenüber.**<br><br>**Falsches Handeln.** |
| **15. Der Bär** | **Eifersüchtig auf das Tier oder wegen des Tieres sein.**<br><br>**Zu dominant mit dem Tier umgehen.**<br><br>**Tiererfahren sein.**<br><br>**Die Kraft für das Tier und seine Situation haben.** |
| **16. Die Sterne** | **Erkenntnisse und Klarheit erlangen.**<br><br>**Das Tier richtig einschätzen.**<br><br>**Spirituelle Kommunikation mit dem Tier.** |
| **17. Der Storch** | **Der richtige Zeitpunkt für Veränderungen.**<br><br>**Veränderungen für Mensch und Tier.**<br><br>**Sich dem Tier gegenüber launisch verhalten.** |
| **18. Der Hund** | **Besitzer/in des Hundes.**<br><br>**Angelegenheiten das Tier betreffend sind geschützt.**<br><br>**Freundschaft, Treue und Vertrauen zeichnen die Beziehung zwischen Mensch und Tier aus.** |

| | |
|---|---|
| **19. Der Turm** | **Sich den Überblick über eine Situation verschaffen.**<br><br>**Dem Tier gegenüber innerlich noch verschlossen sein.**<br><br>**Einen Tierarzt aufsuchen.**<br><br>**Ein Tierheim besuchen.** |
| **20. Der Garten** | **Wegen des Tieres an die Öffentlichkeit gehen.**<br><br>**Mit dem Tier mehr unternehmen.**<br><br>**Kontakte zu anderen Tierbesitzern aufnehmen.**<br><br>**Mit dem Tier arbeiten.**<br><br>**Durch das Tier ausgelassen und heiter sein.** |
| **21. Der Berg** | **(Eigene) Hindernisse und Blockaden in einer Angelegenheit das Tier betreffend.**<br><br>**Dem Tier gegenüber eine negative Einstellung haben.**<br><br>**Nicht flexibel genug sein.** |
| **22. Der Weg** | **Neue Wege suchen und gehen.**<br><br>**Entscheidungen treffen.**<br><br>**Mit dem Tier oder wegen des Tieres kurz verreisen.**<br><br>**Aktivitäten mit dem Tier.** |
| **23. Die Mäuse** | **Warnung vor Zeitverlust.**<br><br>**Warnung vor Verlust.**<br><br>**Angst um das Tier haben.**<br><br>**Nachrichten gehen verloren.** |
| **24. Das Herz** | **Auf das Herz „hören“.**<br><br>**Eine herzliche und liebevolle Verbindung zu dem Tier haben.**<br><br>**Viel Liebe von dem Tier erhalten.** |

| | |
|---|---|
| **25. Der Ring** | **Verbundenheit mit dem Tier.**<br><br>**Sich durch das Tier gebunden fühlen.** |
| **26. Das Buch** | **Zusammenhänge werden sich erschließen.**<br><br>**Das Tier einsperren.**<br><br>**Durch das Tier etwas lernen können.** |
| **27. Der Brief** | **Mit dem Tier viel unternehmen.**<br><br>**Kontakte zu anderen Tierbesitzern aufnehmen.**<br><br>**Kurzfristig eine Nachricht erhalten.** |
| **30. Die Lilie** | **Ein harmonischer und ausgeglichener Umgang mit dem Tier.**<br><br>**Gegenseitige Unterstützung erfahren.**<br><br>**Durch das Tier innerlich ruhiger werden.** |
| **31. Die Sonne** | **Lebensfreude durch das Tier bekommen.**<br><br>**Ein fröhliches Miteinander.**<br><br>**Genug Energie für das Tier haben.** |
| **32. Der Mond** | **Tiefe Gefühle für einander haben.**<br><br>**Der Intuition vertrauen.**<br><br>**Sehnsucht nach einem Tier haben.** |
| **33. Der Schlüssel** | **Es gibt eine Lösung! Sie haben „den Schlüssel" in der Hand!**<br><br>**Auf die eigenen Fähigkeiten und die des Tieres vertrauen.** |
| **34. Die Fische** | **Finanzielle oder berufliche Belange stehen im Vordergrund.**<br><br>**Beruflich erfolgreich mit dem Tier sein.**<br><br>**Pläne und Vorhaben werden erfolgreich verlaufen.** |

| | |
|---|---|
| **35. Der Anker** | **Durch das Tier „innerlich angekommen“ sein.**<br><br>**Eine beständige, dauerhafte Verbindung.**<br><br>**Das Ziel bald erreichen.** |
| **36. Das Kreuz** | **Eine karmische Verbindung besteht zwischen Mensch und Tier.**<br><br>**Für einander bestimmt sein.**<br><br>**Eine schwere Last miteinander teilen bzw. tragen.**<br><br>**Schwere Zeiten haben.** |

## 30. Die Lilie

**Karte für:** Harmonische Zeiten.

**Tagestendenz:** Ausgeglichen sein.

Harmonischer Umgang mit Anderen.

**Thema der Karte:** Sexualität. Harmonie.

**Bedeutungen:** Das Tier hat sexuelle Bedürfnisse oder einen stark ausgeprägten Trieb.

Eine harmonische Verbindung zwischen Mensch und Tier.

Dieses Tier hat ein freundliches und ausgeglichenes Wesen.

Der optimale Partner/ die optimale Partnerin für das Tier.

Das Tier braucht die Unterstützung des Menschen.

**Gesundheit:** Evtl. hormonelle Probleme oder Störungen.

Evtl. eine Erkrankung der Sexualorgane.

## 31. Die Sonne

**Karte für:** Sommer.

**Tagestendenz:** Viel positive Energie haben.

**Thema der Karte:** Energie. Selbstvertrauen. Freude.

**Bedeutungen:**

Das Tier hat Selbstvertrauen oder wird es gewinnen.

Ein fröhliches und energievolles Tier.

Das Miteinander macht Mensch und Tier viel Freude.

Lebensfreude durch das Tier bekommen.

**Gesundheit:** Evtl. hat das Tier ein Bedürfnis nach Wärme.

## 32. Der Mond

**Karte für:** **Abends.**

**Tagestendenz:** **Melancholisch sein.**

**Thema der Karte:** **Das Seelenleben. Tiefe Gefühle. Intuition.**

**Bedeutungen:**

**Tiefe Gefühle verbinden Mensch und Tier.**

**Inneres Verstehen und Vertrauen zeichnen die Beziehung zueinander aus.**

**Dieses Tier ist sehr sensibel und braucht viele Streicheleinheiten für die Seele.**

**Bei einer Entscheidung der Intuition vertrauen.**

**Sehnsucht.**

**Die Spiritualität einsetzen.**

**Gesundheit:** **Evtl. Psychosomatische Beschwerden**

## 33. Der Schlüssel

**Tagestendenz:** Fähigkeiten erkennen.

**Thema der Karte:** Die Lösung finden. Gutes Gelingen.

**Bedeutungen:**

Mit diesem Tier stellt sich der Erfolg ein.

Ein zuverlässiges Tier.

In einer Angelegenheit das Tier betreffend, wird Sicherheit erlangt und eine Lösung gefunden.

Pläne und Vorhaben bezüglich des Tieres werden gelingen.

Sie haben „den Schlüssel" in der Hand.

**Gesundheit:**

Evtl. Krankheiten/ Operationen werden gut verlaufen und einen guten Ausgang nehmen.

Der Arzt ist kompetent.

## 34. Die Fische

**Zeitkarte für :** Eine lange Zeit.

**Tagestendenz:** Ein erfolgreicher Tag.

**Thema der Karte:** Finanzielle Angelegenheiten. Erfolg.

**Bedeutungen:**

Finanzielle oder erfolgsorientierte Belange stehen im Vordergrund.

Sich durch das Tier profilieren.

Durch das Tier stellt sich beruflicher und finanzieller Erfolg ein.

Erfolg oder Sieg des Tieres.

Erfolgreiche Tierzucht.

Pläne und Vorhaben bezüglich des Tieres verlaufen erfolgreich.

Beruflich erfolgreich mit Tieren zu tun haben.

**Gesundheit:** Evtl. Erkrankung der Nieren oder der Blase.

## 35. Der Anker

**Karte für:** Dauerhaft.

**Tagestendenz:** Sicherheit suchen.

**Thema der Karte:** „Angekommen sein". Sicherheit.

**Bedeutungen:**

Ruhigen Zeiten entgegensehen.

Innerlich „angekommen" sein.

Am Ziel angekommen sein oder dieses bald erreichen.

Tier und Mensch geben sich gegenseitig Sicherheit und Halt.

**Gesundheit:** Evtl. Probleme mit der Hüfte oder dem Becken.

## 36. Das Kreuz

**Karte für:** Eine schwere Zeit.

**Tagestendenz:** Schwermütig sein.

**Thema der Karte:** Schicksal. Karma. Bestimmung. Last. Bürde.

**Bedeutungen:**

Eine karmische Verbindung besteht zwischen Mensch und Tier.

Für einander bestimmt sein.

Das Tier empfindet das Leben als schwer.

Das Tier hat oder hatte ein schweres Schicksal.

**Gesundheit:**

Evtl. chronische Beschwerden.

Evtl. Probleme mit dem Rücken oder der Bandscheibe.

## Beispiele für die Kartenlegung

## Die 4er Legung

Susi möchte ihren Hund Mexx in 3 Wochen kastrieren lassen.
Nun verspürt sie aber ein ungutes Gefühl, wenn sie daran denkt.
Ihre Frage an die Karten lautet:
Sollen wir Mexx in 3 Wochen kastrieren lassen?

**Position 1: Die jüngste Vergangenheit:**

**22. Der Weg**

| | |
|---|---|
| **Thema der Karte:** | **Der neue Lebensweg.**<br>**Eine Entscheidung treffen.** |
| **Deutung:** | **Susi hat mit Ihrer Familie die Entscheidung getroffen, Mexx in 3 Wochen kastrieren zu lassen.** |
| **Anmerkung:** | **Hinzu kommt: Diese Entscheidung verändert sicherlich nicht den Lebensweg von Mexx, aber dennoch ist es eine wichtige, tiefgreifende Entscheidung.** |

**Position 2: So ist die Situation jetzt:**

**3. Das Schiff**

**Thema der Karte:** Tierkarte für ein Tier aus einem anderen Land.

Unterwegs sein.

Reisen.

**Deutung:** Da Mexx weder aus einem anderen Land kommt, noch weggelaufen ist, frage ich Susi, ob Mexx verreist ist oder verreisen wird.

**Anmerkung:** Susi bestätigt, dass sie mit ihrer Familie für 2 Wochen in Urlaub fährt und Mexx diese Zeit bei ihren Eltern verbringt.

**Position 3: So wird es sich entwickeln:**

**17. Der Storch**

**Thema der Karte:**

**Tierkarte für den großen Vogel.**

**Karte für das Flugzeug.**

**Veränderung.**

**Deutung:**

**Die Kastration wird für Mexx etwas verändern. Und: Die Tatsache, von seiner Familie bedingt durch den Urlaub getrennt zu sein, bedeutet für Mexx eine Veränderung seiner Situation und kann auch im Nachhinein Veränderungen zur Folge haben, zum Beispiel sein Verhalten verändern.**

**Anmerkung:**

**Diese Karte deutet darauf hin, dass sich für Mexx durch den Urlaub und durch die Kastration etwas verändern wird.**

**Position 4:** **Der Ratschlag der Karten:**

**14. Der Fuchs**

**Thema der Karte:**

Diebstahl.

Falsches Verhalten.

**Deutung:**

Falsches Verhalten. Im übertragenen Sinn bedeutet diese Karte: Für diesen Eingriff wurde der falsche Zeitpunkt gewählt.

**Anmerkung:**

Susi sagte mir, dass ihr ungutes Gefühl sich genau darauf bezieht. Mexx wird das erste Mal getrennt von seiner neuen Familie sein, und der Termin für die Operation ist für den 1. Tag nach der Rückkehr aus dem Urlaub festgelegt. Da es keine dringend notwendige Operation ist, wird sie den Termin verschieben und Mexx Gelegenheit geben, wieder zur Ruhe zu kommen und die für ihn mit (innerer) Unruhe verbundene Trennung zu verarbeiten.

## Beispiel für die Kartenlegung

## Die jetzige Situation: Legung mit 4 Karten:

Julia wünscht sich einen Hund. In einem Tierheim hat sie die Hündin Kira gesehen und diese sofort in ihr Herz geschlossen. Kira ist sehr scheu und ängstlich. Julia möchte gerne wissen, wie sie Kira´s Vertrauen gewinnen kann.

### Position 1: Die jetzige Situation:

**22. Der Weg**

**Thema der Karte:** **Der neue Lebensweg.**
**Eine Entscheidung treffen.**

**Deutung:** **Julia hat sich für Kira entschieden.**

**Anmerkung:** **Julia´s Entscheidung bedeutet auch, dass sie und Kira einen neuen Lebensweg gehen werden.**

**Position 2: Das ist jetzt hilfreich:**

**18. Der Hund**

**Thema der Karte:** **Tierkarte für den Hund.**

**Schutzkarte.**

**Deutung:** **Julia wird Kiras Vertrauen gewinnen, wenn sie ihr das Gefühl vermittelt, dass sie für Kira „da" ist, sich um sie kümmert und sie beschützt.**

**Anmerkung:** **Im übertragenen Sinn bedeutet diese Karte auch, dass Julia das Vertrauen von Kira mit einem „treuen" Verhalten gewinnen kann. Wenn sie Kira regelmäßig besucht, sich kontinuierlich um sie kümmert, wird Kira ihre Scheu verlieren.**

**Position 3:** **Das beeinflusst jetzt negativ:**

**24. Das Herz**

| | |
|---|---|
| **Thema der Karte:** | **Liebe.**<br>**Lebensglück.**<br>**Lebensfreude.** |
| **Deutung:** | **Bei dieser Karte muss jetzt „umgedacht“ werden. Liebe kann nicht negativ beeinflussen. Deshalb bedeutet die Karte auf dieser Kartenposition, dass Kira bisher wohl nur wenig oder keine Liebe erfahren hat und ihr bisheriges Leben keinen glücklichen Verlauf nahm. Dieser Umstand bewirkt nun, dass Kira sich nicht vorstellen kann, dass Julia sie liebt.** |
| **Anmerkung:** | **Es ist wichtig, dass Julia mit Kira herzlich und liebevoll umgeht und ihr Lebensfreude vermittelt.** |

**Position 4:** **Der Ratschlag der Karten:**

**30. Die Lilie**

**Thema der Karte:** **Sexualität.**

**Harmonie.**

**Deutung:** **Für Kira ist Julia´s Unterstützung wichtig. Im Umgang mit Kira sollte sie zudem auch ganz besonders auf ein harmonisches Miteinander achten**

**Anmerkung:** **Um das Vertrauen von Kira zu gewinnen, sollte Julia ruhig und ausgeglichen mit Kira umgehen.**

## Beispiel für die Kartenlegung:

## Die 5er Legung:

Daniela lebte 2 Jahre mit ihrem Hund Gipsy alleine. Seit einigen Monaten hat sie eine Partnerschaft. Gipsy verhält sich ihrem Freund gegenüber sehr distanziert und reagiert eifersüchtig. Daniela möchte gerne wissen, was sie tun kann, damit Gipsy ihren Freund akzeptiert und ihre Eifersucht verliert.

### Position 1: So ist die Situation für Daniela:

**6. Die Wolken**

| | |
|---|---|
| **Thema der Karte:** | **Vorübergehende Schwierigkeiten.** |
| **Deutung:** | **Daniela befindet sich (vorübergehend) in einer schwierigen Situation.** |
| **Anmerkung:** | **Die Karte weist auch auf die Ursache für Danielas schwierige Situation hin: Gipsy´s Stimmungsschwankungen, auf Grund ihrer Eifersucht, führen diese Schwierigkeiten herbei.** |

## Position 2: So ist die Situation für Gipsy:

**23. Die Mäuse**

| | |
|---|---|
| **Thema der Karte:** | **Tierkarte für Mäuse, Hamster und Parasiten. Verlust.** |
| **Deutung:** | **Gipsy hat Verlustangst.** |
| **Anmerkung:** | **Im übertragenen Sinn hat Gipsy Angst, Daniela an ihren neuen Freund zu verlieren. Sie hat Angst, für Daniela jetzt nicht mehr wichtig zu sein.** |

**Position 3: Das erwartet Gipsy jetzt von Daniela:**

**8. Der Sarg:**

| | |
|---|---|
| **Thema der Karte:** | **Beendigung.**<br>**Absolute Veränderung.** |
| **Deutung:** | **Gipsy erwartet von Daniela die absolute Veränderung der jetzigen Situation.** |
| **Anmerkung:** | **Gipsy möchte, dass der „ursprüngliche Zustand“ wieder eintritt, Daniela wieder mit ihr alleine lebt.** |

## Position 4: Das kann Daniela jetzt tun:

**25. Der Ring**

| | |
|---|---|
| **Thema der Karte:** | **Verbundenheit.**<br>**Beziehung.** |
| **Deutung:** | **Daniela sollte sich jetzt besonders um Gipsy kümmern und ihr zeigen, dass ihr Freund die Verbundenheit zwischen ihr und Gipsy nicht beeinträchtigt.** |
| **Anmerkung:** | **Es ist wichtig, Gipsy zu zeigen, dass sie in Danielas neue Partnerschaft eingebunden ist. Auch Danielas Freund sollte die Beziehung zu Gibsy intensivieren.** |

## Position 5: Ratschlag der Karten:

**20. Der Garten**

**Thema der Karte:**

**Reitturnier. Tierzucht. Hundeschule usw.**

**Öffentlichkeit.**

**Heiterkeit.**

**Deutung:**

**Daniela sollte Gipsy und ihren Freund aneinander gewöhnen. Auch gemeinsame Spaziergänge und Unternehmungen sind sicherlich hilfreich.**

**Anmerkung:**

**Ein fröhlicher, ausgelassener Umgang miteinander und gemeinsame Aktivitäten zu Dritt, werden sich auf Gipsy´s Verhalten positiv auswirken.**

## Beispiel für die Kartenlegung:

## Legung mit 6 Karten:

Jürgen hat Probleme mit seinem Pferd. Karina ist Menschen und anderen Pferden gegenüber manchmal sehr aggressiv. Er möchte nun wissen, warum Karina sich so verhält.

**Position 1: Die jetzige Situation:**

**10. Die Sense**

**Thema der Karte:** **Verletzung.**
**Aggression.**

**Deutung:** **Karina zeigt ein aggressives Verhalten.**

**Anmerkung:** **Die Karte kann auch bedeuten, dass Karina dieses Verhalten auf Grund von seelischen Verletzungen an den Tag legt. Jürgen erzählt mir, dass Karina ein schweres Schicksal hatte, bevor sie zu ihm kam.**

## Position 2: So sieht es Karina:

**15. Der Bär**

**Thema der Karte:** Karte für große Tiere, wie z. B. Kühe
Dominanz. Macht. Eifersucht.

**Deutung:** Karina ist eifersüchtig auf die Tiere und Menschen, denen Jürgen seine Aufmerksamkeit schenkt.

**Anmerkung:** Jürgen bestätigt, dass er dieses Gefühl auch hat.

## Position 3: Blockaden aus der Vergangenheit:

**36. Das Kreuz**

| | |
|---|---|
| **Thema der Karte:** | **Schicksal. Karma. Bestimmung.**<br>**Last. Bürde.** |
| **Deutung:** | **Karina muss ein sehr schweres Schicksal erlitten haben. Sie hat ihr Leben in der Vergangenheit als Last und Bürde empfunden.** |
| **Anmerkung:** | **Jürgen berichtet mir von dem großen Leid, dass Karina erfahren hat.** |

## Position 4: Das ist hilfreich:

**24. Das Herz**

**Thema der Karte:** Liebe. Lebensglück. Lebensfreude.

**Deutung:** Karina braucht sehr viel Liebe, Herzlichkeit und Zuwendung.

**Anmerkung:** Karina hat, bevor sie zu Jürgen kam, nie Liebe oder Freude erfahren. Hilfreich ist, wenn sie spürt, dass andere Tiere oder Menschen ihr Jürgens Liebe nicht nehmen oder beeinträchtigen. Sie muss sich seiner Liebe sicher sein können.

## Position 5: So wird die Entwicklung sein:

**35. Der Anker**

**Thema der Karte:** **Angekommen sein.**

**Sicherheit.**

**Deutung:** **Karina wird erkennen, dass sie bei Jürgen bleiben darf und in Sicherheit ist. Sie wird in jeder Beziehung „ankommen“ und sich auch seiner sicher fühlen.**

**Anmerkung:** **Jürgen versichert, dass er Karina nie wieder hergeben wird und sie bei ihm für immer ein Zuhause hat.**

## Position 6: Ratschlag der Karten:

**32. Der Mond**

**Thema der Karte:**

**Das Seelenleben.**

**Tiefe Gefühle.**

**Intuition.**

**Deutung:**

**Jürgen sollte Karina seine Gefühle immer wieder zeigen und im Umgang mit ihr seiner Intuition vertrauen.**

**Anmerkung:**

**Jürgen hat es geschafft, Karinas Vertrauen und ihre Liebe zu gewinnen. Wenn er weiterhin gefühlvoll und aufmerksam mit ihr umgeht, wird sie auch das volle Vertrauen in seine Liebe für sie gewinnen und ihre Eifersucht verlieren.**

## Beispiel für die Kartenlegung:

## Legung mit 6 Karten:

Gittes Hund ist vor einigen Wochen verstorben. Vor 3 Wochen hat Gitte einen jungen Hund namens Tell aus dem Tierheim nach Hause geholt. Ihre Katze Linda verhält sich Tell gegenüber sehr aggressiv, obwohl sie an Hunde gewöhnt ist. Gitte möchte gerne wissen, wie sie die Situation positiv verändern kann.

**Position 1: Die jetzige Situation:**

**10. Die Sense**

| | |
|---|---|
| **Thema der Karte:** | **Verletzung.**<br>**Aggression.** |
| **Deutung:** | **Linda verhält sich aggressiv.** |
| **Anmerkung:** | **Es ist zudem naheliegend, dass Linda auch innerlich verletzt ist.** |

**Position 2:** **So sieht es Linda:**

**5. Der Baum**

**Thema der Karte:** **Etwas krankt oder verläuft nicht richtig.**

**Deutung:** **Etwas grundsätzliches ist für Linda nicht in Ordnung. Da Linda sich nur Tell gegenüber aggressiv verhält, ist klar ersichtlich, dass sie Tell nicht als neues Familienmitglied akzeptiert.**

## Position 3: Blockaden aus der Vergangenheit:

**24. Das Herz**

**Thema der Karte:**

**Liebe.**

**Lebensglück.**

**Lebensfreude.**

**Deutung:**

**In der Vergangenheit hat Linda Liebe erfahren und war einfach nur glücklich. Da diese Karte sich auf Blockaden aus der Vergangenheit bezieht, kann davon ausgegangen werden, dass Linda sich „die alten Zeiten" voller Lebensglück zurück wünscht.**

**Anmerkung:**

**Gitte bestätigt dies. Lindas Liebe galt in der Vergangenheit einem anderen Hund. Dieser ist vor wenigen Wochen verstorben.**

## Position 4: Das ist hilfreich:

**32. Der Mond**

| | |
|---|---|
| **Thema der Karte:** | **Das Seelenleben.**<br>**Tiefe Gefühle.**<br>**Intuition.** |
| **Deutung:** | **Gitte sollte mit ihrer Katze Linda jetzt sehr gefühlsbetont umgehen. Linda braucht emotionale Zuwendung und Trost, da sie ihren verstorbenen Freund vermisst.** |
| **Anmerkung:** | **Lindas Seele leidet weil sie ihren Freund verloren hat. Zudem ist sie gefühlsmäßig noch so sehr mit ihm verbunden, dass sie Tell intuitiv ablehnt.** |

**Position 5:** **So wird die Entwicklung sein:**

**17. Der Storch**

**Thema der Karte:** **Tierkarte für den großen Vogel.**

**Karte für das Flugzeug.**

**Veränderung.**

**Deutung:** **Linda wird ihr Verhalten Tell gegenüber ändern.**

## Position 6: Ratschlag der Karten:

**27. Der Brief**

| | |
|---|---|
| **Thema der Karte:** | **Ein spontanes, ungestümes Tier.**<br>**Kommunikation. Nachricht. Information.** |
| **Deutung:** | **Gitte sollte sich jetzt intensiv um Linda kümmern. Zudem sollte sie Linda und Tell aneinander gewöhnen, sie immer wieder zusammenführen.** |
| **Anmerkung:** | **Im übertragenen Sinn ist diese Kommunikations-Karte auch ein Hinweis auf Kontakt und Aufmerksamkeit** |

## Die 7er Legung

Susi, eine Bekannte von mir, konsultierte mich wegen ihres Hundes.

Susi und ihre Familie haben Mexx, einen jungen Rüden, aus dem Tierheim geholt. Mexx hat sich wunderbar eingelebt, hört sehr gut auf seine Menschen und liebt seine neue Familie genauso sehr wie diese ihn.

Das Problem ist: Wenn Susi mit Mexx spazieren geht, ist der Hund für sie manchmal nicht leicht zu händeln. Er ist wie ausgewechselt, bellt und springt hin und wieder auch andere Menschen oder Hunde zur Begrüßung an.

Susi macht dieses Verhalten nervös, denn nicht jeder Mensch reagiert in solchen Situationen freundlich oder gelassen auf Mexx.

Sie möchte nun wissen, was sie machen kann, damit Spaziergänge mit ihrem Hund  harmonisch verlaufen.

## Position 1: So ist die Situation/ der Sachverhalt:

**27. Der Brief**

| | |
|---|---|
| **Thema der Karte:** | **Ein spontanes, ungestümes Tier. Kommunikation. Nachricht. Information.** |
| **Deutung:** | **Mexx verhält sich ungestüm.** |
| **Anmerkung:** | **Diese Karte ist auch ein Hinweis darauf, dass es um die „Kommunikation“ von Mexx geht.** |

## Position 2: So empfindet Mexx die Situation:

**29. Die Dame**

**und darauf als weitere Karte gelegt:**

**12. Die Vögel**

**Thema der Karten:**

**29. Weibliche Hauptperson.**

**12. Karte für kleine Vögel und Hühner. Unruhe.**

**Deutung:**

**Die Karte für die weibliche Hauptperson bezieht sich auf Susi als Fragestellerin. Deshalb steht diese Deutung in einem direkten Zusammenhang mit Susi. Die dazu gelegte Karte gibt den Hinweis, dass Mexx Susis Nervosität und Unsicherheit spürt und sich deshalb unruhig verhält.**

**Anmerkung:**

**Die Karte zeigt aber auch an, dass Mexx diese Unsicherheit nur kurzweilig bei Susi spürt, also nur für die Dauer des Spazierganges.**

**Susi bestätigt, dass sie oft vor einem Spaziergang etwas nervös ist, weil sie nicht weiß, wie Mexx sich verhalten wird.**

## Position 3: Das ist jetzt wichtig für Mexx:

**4. Das Haus**

| | |
|---|---|
| **Thema der Karte:** | **Stall des Pferdes.**<br>**Zuhause des Tieres.**<br>**Dauer. Beständigkeit.** |
| **Deutung:** | **Für Mexx ist es wichtig, dass Susi dauerhaft bei ihren Spaziergängen Beständigkeit und Gelassenheit ausstrahlt** |
| **Anmerkung:** | **Susi bestätigt, dass Mexx sich viel ruhiger und gelassener verhält, wenn sie unbefangen mit ihm spazieren geht, weil zum Beispiel ihr Mann dabei ist.** |

**Position 4:** **Darauf kann jetzt kein Einfluss genommen werden:**

**1. Der Reiter**

**Thema der Karte:**

**Tierkarte für das Pferd.**

**Karte für das Auto.**

**Aktivität.**

**Deutung:**

**Mexx ist ein junger und aktiver, temperamentvoller Hund.**

**Anmerkung:**

**Auf das Temperament von Mexx kann kein Einfluss genommen werden. Sein Verhalten muss beeinflusst beziehungsweise gesteuert werden.**

## Position 5: Ratschlag der Karten:

## Das hilft jetzt:

**28. Der Herr**

**und darauf als weitere Karte gelegt:**

**31. Die Sonne**

**Thema der Karten:**

**28. Männliche Hauptperson**

**31. Energie. Selbstvertrauen. Freude.**

**Deutung:**

**Susi sollte sich Mexx gegenüber so verhalten, wie ihr Mann es macht. Sie muss innerlich gelassener werden, mehr Selbstvertrauen zeigen. Ihr Mann wird ihr dabei helfen können, wenn sie öfter gemeinsam spazieren gehen. Sie wird feststellen, dass Mexx sich ruhiger verhält, wenn er spürt, dass sein Mensch am anderen Ende der Leine Selbstvertrauen und Freude ausstrahlt.**

## Position 6: Ratschlag der Karten:

## Das muss zukünftig beachtet werden:

**33. Der Schlüssel**

**Thema der Karte:** **Die Lösung finden.**

**Gutes Gelingen.**

**Deutung:** **Susi hat „den Schlüssel“ für die Lösung in der Hand. Sie weiß jetzt, warum Mexx sich manchmal so überaktiv verhält und sollte diesem Wissen Beachtung schenken.**

**Anmerkung:** **Der Schlüssel zeigt in dieser Kartenposition ganz klar auf, dass Susi sich der Lösung zuwenden muss und die Angelegenheit dann einen guten Ausgang nehmen kann.**

## Position 7: So wird es in naher Zukunft sein:

**35. Der Anker**

**Thema der Karte:** **Angekommen sein.**

**Sicherheit.**

**Deutung:** **Susi wird ihre Nervosität verlieren, mehr Gelassenheit ausstrahlen. Mexx wird spüren, dass Susi ihm Halt und Sicherheit gibt und er nicht auf sie aufpassen muss.**

## Die Legesysteme

### Legung für die Tagestendenz mit 2 Karten

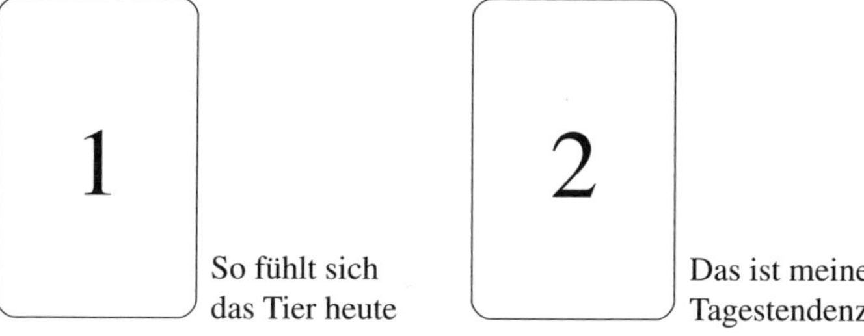

**Der kleine Überblick: Legung mit 3 Karten**

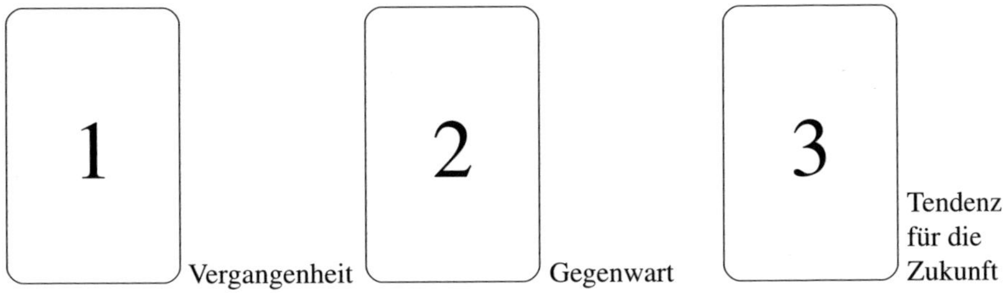

| 1 | 2 | 3 |
|---|---|---|
| Vergangenheit | Gegenwart | Tendenz für die Zukunft |

**Der kurze Überblick: Legung mit 4 Karten**

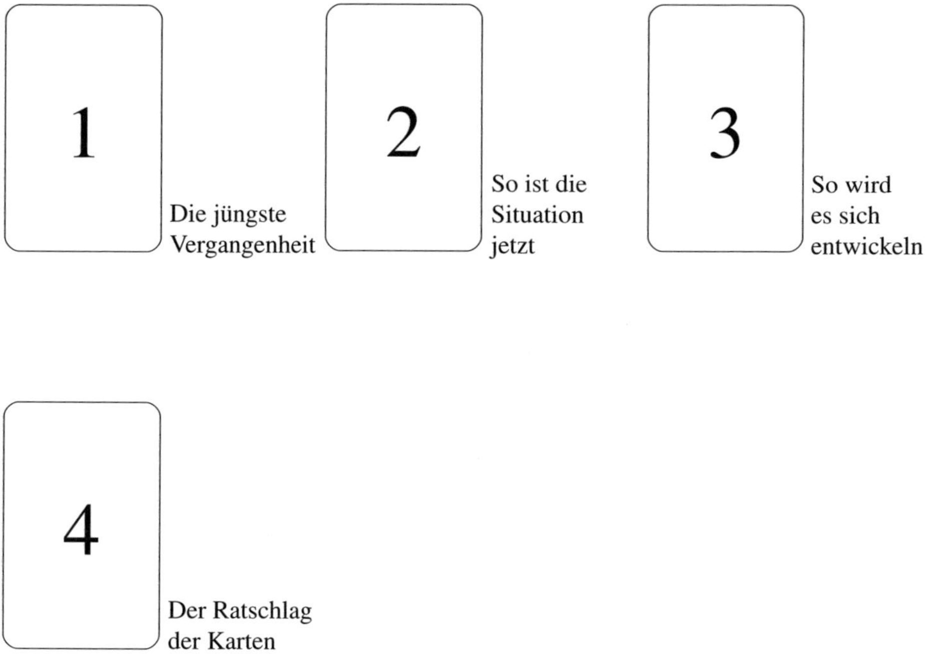

1 — Die jüngste Vergangenheit

2 — So ist die Situation jetzt

3 — So wird es sich entwickeln

4 — Der Ratschlag der Karten

**Die jetzige Situation: Legung mit 4 Karten**

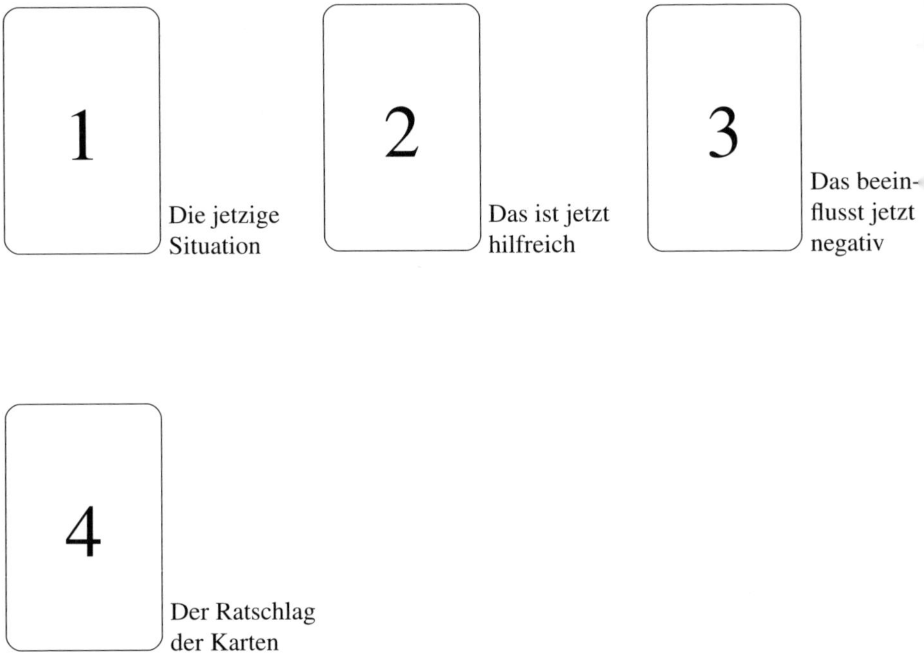

1

Die jetzige Situation

2

Das ist jetzt hilfreich

3

Das beeinflusst jetzt negativ

4

Der Ratschlag der Karten

## Legung mit 5 Karten

4

Das kann ich jetzt tun

5

Ratschlag der Karten

## Legung mit 6 Karten

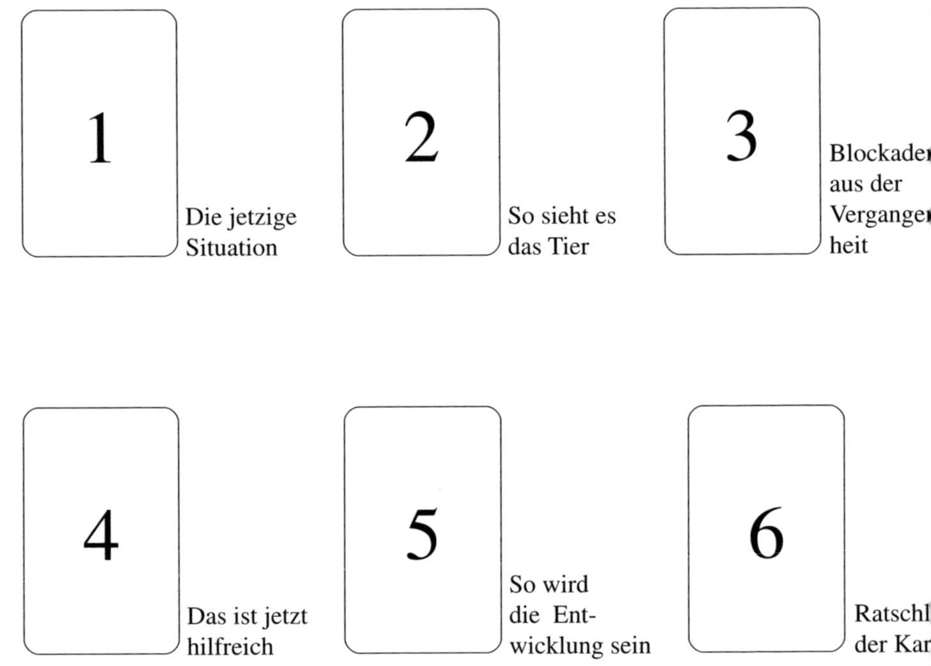

## Der große Überblick: Legung mit 7

**1** So ist die Situation/ der Sachverhalt

**2** So empfindet das Tier die Situation

**3** Das ist jetzt wichtig für das Tier

**4** Darauf kann jetzt kein Einfluss genommen werden

**5** Ratschlag der Karten.

Das hilft jetzt

**6** Ratschlag der Karten.

Das muss zukünftig beachtet werden

**7** So wird es in naher Zukunft sein

## Schlusswort

Ich habe dieses Buch geschrieben, weil mich Klienten und Freunde immer wieder darauf angesprochen haben, dass sie gerne eine Anleitung über das „Kartenlegen für Tiere“ hätten und sie sich freuen würden, wenn ich ein Buch darüber schreiben würde.

Der Gedanke daran ging mir nicht mehr aus dem Kopf. Ich erinnerte mich daran, wie oft ich die Karten für meinen Hund gelegt habe, als er noch in dieser Welt bei mir war. Wie oft ich wichtige Hinweise bekam.Wenn ich in seiner Gegenwart die Karten gelegt habe, hat er sich zu meinen Füßen gelegt und mich angeschaut. So, als ob er die Antworten schon wusste und froh war, dass ich nun auch sein Wissen haben würde.

Auch Minka, die scheue Katze von Bekannten, legt sich, wenn ich in ihrer Gegenwart jemandem die Karten lege, dazu. Die ihr eigene Scheu und Vorsicht ist dann vergessen.

Vielleicht machen Sie diese Erfahrung ja auch mit Ihren Tieren. Ich finde es faszinierend, wie „wissend“ Tiere oft beim Kartenlegen reagieren.

Als ich bei Frau Reichel vom Reichel Verlag die Thematik des Buches im Vorfeld ansprach und sie sich bereit erklärte, meinen Entwurf nach Fertigstellung zu prüfen, wusste ich, dass ich dieses Buch auch für die Tiere schreibe und im Andenken an meinen geliebten Hund Quitschie.

Es wäre schön, wenn Sie durch mein Buch an das Kartenlegen herangeführt würden und daran viel Freude haben und für sich und Ihre Tiere Hilfe erfahren.

Ich gebe keine Garantien für die Aussagen und behaupte auch nicht, dass immer alles eintrifft. Aber ich weiß, dass ich mit allen aufgeführten Legesystemen erfolgreich arbeite und sehr viele wunderbare Rückmeldungen und Bestätigungen bekomme.

Viel Freude und Erfolg wünscht Ihnen

*Ihre Karin Clemens*

## Gespräche mit Tieren

Praktische Anleitungen

von Penelope Smith, aus dem Amrerikanischenl
200 Seiten, gebunden, 14,5 x 21 cm
ISBN 978-3-926388-69-8 € 18,50

## Tiere erzählen vom Tod

**Wie Tiere ihr Sterben erleben und den Weg ins Licht finden**

*von Penelope Smith*
200 Seiten, gebunden

ISBN 978-3-926388-76-6 € 18,50

## Hörbuch auf CD
## Gespräche mit Delfinen

von Penelope Smith
79 Minuten
ISBN 978-3-9808707-1-1 € 18,00

## Hörbuch auf 2 CDs

## Grundkurs Tierkommunikation

Mit Tieren sprechen: So geht´s

von Penelope Smith
150 Minuten
ISBN 978-3-939152-02-6 € 21,90

## Tierisch gute Sprüche

mit 65 Farfotos

vonHeidgund Leithe und Katrin Weber
144 Seiten
ISBN 978-3-9808707-0-2 € 12,50

Reichel Verlag - Reifenberg 85 - D 91365 Weilersbach - Tel. 09194 8900 - Fax 09194 4262
Internet: www.reichel-verlag.de E-Mail: info@reichel-verlag.de